北京宣传文化引导基金
BEIJING CULTURE GUIDING FUND
北京宣传文化引导基金资助项目

变迁

京津冀的昨天、今天与明天

胡一峰 于晓静 顾建军◎著

北京日报出版社

图书在版编目（CIP）数据

变迁：京津冀的昨天、今天与明天 / 胡一峰，于晓静，顾建军著. — 北京：北京日报出版社，2017.7
ISBN 978-7-5477-2687-7

Ⅰ.①变… Ⅱ.①胡… ②于… ③顾… Ⅲ.①区域经济发展—协调发展—研究—华北地区 Ⅳ.①F127.2

中国版本图书馆CIP数据核字（2017）第167555号

变迁 京津冀的昨天、今天与明天

出版发行：北京日报出版社
地　　址：北京市东城区东单三条8-16号东方广场东配楼四层
邮　　编：100005
电　　话：发行部：（010）65255876
　　　　　总编室：（010）65252135
印　　刷：廊坊飞腾印刷包装有限公司
经　　销：各地新华书店
版　　次：2017年7月第1版
印　　次：2017年7月第1次印刷
开　　本：787毫米×1092毫米　1/16
印　　张：11
字　　数：150千字
定　　价：29.00元

目录

引言　为了生活更美好

人民对美好生活的向往，就是我们的奋斗目标。

——习近平

2012年11月15日的中午，注定将铭刻在中国的历史上。那一刻，世界的眼光投向中国，新一届中共中央政治局常委在中共中央总书记习近平的带领下，与中外记者见面。当时，习近平说了一番话，至今读来依然令人心潮澎湃。他说："我们的人民热爱生活，期盼有更好的教育、更稳定的工作、更满意的收入、更可靠的社会保障、更高水平的医疗卫生服务、更舒适的居住条件、更优美的环境，期盼着孩子们能成长得更好、工作得更好、生活得更好。人民对美好生活的向往，就是我们的奋斗目标。"①

是的，为了生活更美好，增强人民群众的获得感，这是人民的心声、发展的目标，也是执政党的政纲。在这里，庙堂与市井同频共振，党心民心高度统一，汇聚成一股奔涌磅礴的伟大力量。为了这个亲民而伟大的目标，十八大以来，以习近平总书记为核心的党中央提出了一系列治国理政的大方略，制定了一系列重大国家战略。京津冀协同发展，就是其中关键一着。

回顾历史，1800年全世界有9亿人口，中国占3亿。中国的粮食产量占全世界的1/3，当时居世界首位。同时，中国的工业产值占全

① 习近平：《习近平谈治国理政》，外文出版社，2014年，第4页。

世界的33.3%，全欧洲只占28.1%。18世纪全世界超过50万人口的大城市有10个，其中中国占6个（北京、南京、扬州、苏州、杭州、广州）。[①]但是，近代以来，帝国主义的侵略欺凌，政府的无能衰败，却使近代中国如一个泥足巨人，在发展的道路上举步维艰。新中国成立特别是改革开放以来，中国快速发展，取得了举世瞩目的成就，并形成了独树一帜的有效模式。这一切，既让世界好奇与惊讶，也让中国充满信心。同时，中国这个庞大的经济体如何持续健康发展，也引起世人的关注和思考。

京津冀协同发展，就是中国持续发展的一个重要引擎，也是民族复兴的关键一环，它的意义属于当下，又照向未来。它是一次顶层设计，也是一次区域发展；是对一亩三分地思维定式的打破，又是对全国“一盘棋”制度优势的深化；是一个重大国家战略，也是一个重大民生战略。这一战略的核心是有序疏解北京的非首都功能，调整经济结构和空间结构，走出一条内涵集约发展的新路子，探索出一种人口经济密集地区优化开发的模式，促进区域协调发展，形成新的增长

① 刘明福：《中国梦》，中国友谊出版社，2010年，第1页。

极。京津冀协同发展，要依靠国家政策的有力推动，依靠两市一省的积极作为，但最根本最深层的动力来自于人民对美好生活的向往和追求。

时任北京市委书记郭金龙明确，要用实际行动扛起京津冀协同发展重任，坚定信心，迎接京津冀协同发展大考。2016年11月，时任北京市委副书记、代市长蔡奇的首次专题调研，是到通州区调研北京城市副中心规划建设情况。他强调，要进一步准确把握北京城市副中心的功能定位，高起点、高标准、高质量地规划建设好城市副中心。[①]相信这对每一个关心京津冀发展的人来说，一定会充满期待。

确实，京津冀协同发展已成为一个舆论热词，也成为学术研究的重要领域。毫无疑问，这是一条抓眼的新闻，也是一道深刻的课题。但我们更认为，它是一篇需要每一个普通百姓静下心来品读的大文章。如果没有关心国事者的普通人的关注和投入，再好的蓝图也不过是水月镜花。最广泛地使干部群众了解、认同和践行京津冀协同发展战略，才是这一战略最终获得成功的根本条件。

有鉴于此，我们编著了这本书。这本书不是关于“京津冀协同发展战略”的文献汇编，也不是新闻报道综述，更不是趣事杂谈、段子琐事，而是以这一战略的昨天、今天与明天为线索，以战略的格局、文化的视野和生活的视角，对京津冀协同发展战略的来龙去脉、历史背景、重大意义、主要内容和实践要求等进行阐释和分析。

——我们的叙述是历史的，从京津冀这片土地的形成讲起，从自然史进而到人文史，从地理演变到制度变迁，介绍了京津冀的前世今生，以及北京这座城市和它的“兄弟”们的童年往事。

① 《举全市之力抓紧抓好城市副中心建设》，《北京日报》2016年11月6日第1版。

——我们的叙述是现实的，直面京津冀发展面临的困境，理性分析困境产生的原因，试图通过梳理前贤对突围的思考，展示京津冀协同发展战略形成的内在理路，获取今天继续前进的智慧。

——我们的叙述是形象的，京津冀协同发展是新的“一号工程”，是又一场“平津战役”，是一道待解的“数学题”，是一张初见疗效的“大药方”，是我们伫立在波光粼粼的海面，满怀信心眺望中国经济第三极的一个辽阔平台。

——我们的叙述是思辨的，努力在纷繁复杂的社会发展实践中，穿透现象的迷雾，把握京津冀协同发展的辩证法，对区域发展、城市发展新思路、惠民政策、环境治理、产业转移等重要举措作出自己的解读。

——我们的叙述是开放的，国内的长三角、珠三角、北部湾，近邻的日本和韩国，都为京津冀的协同发展提供了经验和借鉴，对此，我们做了有选择的介绍和针对性的分析，以期他山之石发挥攻玉之功。

作为年轻学者，身逢改革开放的年代，我们对国家前途充满信心，我们希望以准确的介绍解读、生动的语言风格和鲜活的事例数据、精美的插图，解读京津冀协同战略，以及这一战略将给国家发展、人民生活和民族复兴带来的美好前景，我们希望以自己的理解、感悟和语言，展示以习近平总书记为核心的党中央治国理政的新思路和新成就，展示广大干部群众对党和政府的信心，以及对中华民族伟大复兴中国梦的信念。我们也希望以这本书和本书的读者，以及一切关心国家命运的人们，一起来为京津冀这片热土的发展而纵情欢呼，为它面临的难题而认真思索，为它光明的前景而不懈探索。

京津冀协同发展的路，伸向光明的远方，而它的起点，正在我们脚下！

第一章　兄弟情

2016年3月8日，在北京参加“两会”的河北张家口市委书记侯亮在河北团开放日上说，“做北京的小伙伴，感觉很好。”[①]这句话谦虚、俏皮又暖人。北京和它周边的这些城市，与其叫“小伙伴”，不如称之为兄弟来得更贴切。而“感觉很好”的原因，除了长期以来，北京和周边城市血脉相依的联系之外，更由于近年来中央推动一大战略，也就是本书的主题——京津冀协同发展战略。一年后，北京市市长蔡奇和杜少中的一番问答，为此加了一个新的注脚。2017年1月7日，蔡奇等市领导与市民代表就近期空气重污染应急和大气污染治理工作交流座谈，环保达人、网名“巴松狼王”的原北京市环保局新闻发言人杜少中告诉蔡奇，几天后，他将受邀参加河北一媒体关于京津冀协同治霾的节目，“想问问蔡市长，如果让你以北京市民的身份，对河北人民说几句话，你会说什么?”“同呼吸，共命运!”蔡奇立即回答。可是，杜少中并不“满意”，“这个太短了。”蔡奇再度表示，“京津冀协同治霾，河北人民做出了重大贡献，感谢河北人民。今后，希望京津冀协同治霾能够有更好的效果。”[②]同呼吸、共命运，是对京津冀这片土地的最好诠释。

党的十八大以来，京津冀协同发展这一重大国家战略在习近平

① 《河北张家口书记：做北京的小伙伴感觉很好》，见张家口新闻网2016年3月11日报道。

② 见人民网2017年1月9日报道。

总书记的“总动员令”下，迈上实质性推进“快车道”。从中央到京津冀两市一省，心往一处聚，力往一处使，一张充满生机活力的蓝图正徐徐展开。

历史上，北京和兄弟们在“京津冀”这片土地血脉相连、唇齿相依，携手前行、生生不息。今天，我们正着力推动这片区域的协同发展。为了找到前行的基础和动力，我们有必要回顾这片热土走过的道路。

在这片土地上，有远古人类活动的遗迹，也曾经是金戈铁马的古战场，几千年的风霜孕育了这里几十座大大小小的城市。如果我们把文明比作一片一望无垠的高原，那么，京津冀的一座座城市好比错落崛起的座座高峰，它们以自己独特的姿态，塑造着高原上的灿烂景致。每一座城市都经历了兴衰起伏的命运，在各自的历史境遇中，以当时人最大的智慧和毅力突围、前行，留下了许多壮丽的故事。后人读到这些故事，觉得它们如此美丽、如此激动人心，因为这并非仅仅是一座城市的生死荣衰，也非仅仅是生活在这座城市中的人们的喜乐哀愁，而是历史长时段变迁的微观表征，是一个社会、国家和民族发展的生命轨迹，折射出文明发展演化的格局与趋势，也照亮通向未来的道路。

从“北京湾”谈起

1941年，而立之年的青年学者侯仁之被日军逮捕，关押在北京东直门日本陆军监狱。在狱中，侯仁之以“北京都市地理”为题构思着一本专著，回忆起多年前初到北京的情形：

民国22年的秋天，我初次负笈北上，自济南而北，火车竟日奔驰于华北大平原上。那正是秋收就要开始的时候，阳光潋滟，万里无云。从车窗中望去，遍野都好像泛滥着一阵浅碧又一阵澄黄的波澜，恰是一幅陆地海洋的景象。……这幅景色一直继续着，在南北千里乡间，竟然没有什么很大的改变。风驰电掣的列车尽管一小时一小时地奔驰着，而窗中所见仍然是那同一的一幅图画。时间久了，心中未免起了一种茫无依归的厌烦，这平原委实是太大了。

但是一到黄土坡车站，情形立刻改变了。这时我从车窗中望去，在绚烂的夕照中，突然看见西北一带平地崛起一列高山，好似向列车进行的方向环抱而来，于是我又不由的想到：“那应该就是这大平原的边际了吧！我们的行程也该告一结束了。”果然，列车一过丰台，便蓦地转了一个弯子，渐渐在灯火灿烂中安定下来，正如一艘远涉重洋的巨轮，舶入了它最后的港湾——这就是北京。

我用“港湾”两个字，只在描写我当时的心情，事后才知道，原来美国地质学家维理斯氏，在他考察过北京及其附近的地形而后，就早已给它起名叫做“北京湾”了。①

侯仁之先生这里所说的“北京湾”，是燕山运动的结果。

① 侯仁之著、邓辉等译：《北平历史地理》，外语教学与研究出版社，2013年。

1926年10月，中国第一位地质学博士、著名地质学家翁文灏应邀出席在日本东京召开的第3次太平洋科学大会，提交了一篇题为《中国东部的地壳运动》的论文，首次提出“燕山运动”的概念。

【小贴士】

燕山运动是指距今大约一亿多年前，中国东部发生的一场强烈的造山运动。火山喷发、地壳变动、岩石崩裂、平地凹陷、山地隆起，太行山以西的山地抬升，太行山以东的平原断限下降，大地发生了天翻地覆的变化。

北宋沈括曾在《梦溪笔谈》中提到，“太行山以北山崖之间，往往衔螺蚌壳及石子如鸟卵者，横亘石壁如带状，此乃昔日之海滨，今东距海已近千里。”“燕山运动”前的亿万年里，今天的京津冀一带正是浩瀚无垠的茫茫大海。沈括的话，生动地说明了沧海桑田的巨大变化。

后来，又经过几个地质时期，终于在今天我们所说的“京津冀”地区，大致形成了北有燕山、南连华北平原、西接太行、东临渤海的地貌。这片地方三面被延绵起伏的山岭环抱，一面开阔地朝向大海，好似一个美丽的海湾一般，于是，地质学家给了它一个浪漫的名字——北京湾。

可见，“京津冀”一亿多年前就已经紧紧联系在一起了。地球自身的运动，让它们天然地“协同”起来，那么，我们不妨就从“北京湾”这个美丽的名字出发，回顾一下北京和他的兄弟们的童年往事吧。

这儿是“直隶”

谈京津冀的往事，离不开一个概念——直隶。今天，我们说到这个词儿，很自然地就想到河北。实际上，在直隶和河北相关联之前，还有许多值得一提的故事。

“直隶”本义并非指一片区域，而是一种政治制度，早在宋朝就出现了。《宋朝事实·升降州县》中记载：“乾德五年，以三泉县直隶京师。”三泉县在汉中地区，当时由于军事需要而直接隶属京师管辖，这大概是中国最早的中央直辖的行政区域，也说明“直隶”代表着在国家大局中的特殊地位。

明朝初年，“建都江表，革元中书省，以京畿应天府直隶京师”。应天府大概相当于今天的江苏、安徽地区，也就是说，明朝初年人们所说的“直隶”，指的是那一片区域。很快，明朝迁都到北京，于是，有了一南一北两个“直隶”，“南直隶”以应天府为首，“北直隶”以顺天府为首。到清代才结束了这一局面，“北直隶”被改为直隶省，“南直隶”则大体为江南江淮等地。

讲完这曲折往事，我们再来说说本书的正题“北直隶”，也就是“直隶省”。为了说清楚来龙去脉，还得先说一个词儿——“腹里”。1125年，金灭辽，继而灭北宋，统一中国北方。1153年，迁都燕京，改称中都，这也是北京作为都城的开始，燕赵之地随之成为金朝京畿重地。今天回过头来看，这段历史对北京十分重要，正是从这时起，北京开始从华北门户、军事重镇演变为全国的政治中心。

1215年，蒙古骑兵南下攻占中都城。1234年，金被蒙古汗国所灭。1271年，忽必烈正式建国号“大元”，次年改中都为大都。1276年，元灭南宋。统一全国的元王朝正式建立，开启了大都作为全国首都的历史。当时，全国分为11个行省。黄河以北，太行山以

东及以西地区，大体相当于现在的河北、山东、山西及河南、内蒙古的部分地区，被称为“腹里”，作为中央特区，由中书省直接管辖。元朝是当时的世界强国，元大都也是一个“世界城市”，更重要的是，元大都奠定了北京城的空间布局。

明洪武初年，大都改名为“北平府”。北平府的长官是燕王朱棣。他的燕王府就建在元朝皇城太液池西岸的隆福宫遗址上。后来朱棣发动靖难之变，夺了侄子建文帝的皇帝宝座，于1403年改北平府为“北京”。1421年，北京的新宫城、皇城竣工完成，明王朝正式迁都北京。当时的北京，“凡庙社、郊祀、坛场、宫殿、门阙，规制悉如南京，而高敞壮丽过之”。（《明成祖实录》卷二三二）今天，明代的北京城虽已基本不存在了，但当时定下的许多地名还一直沿用至今。

京师重地，当然要由中央直接管理，故而又称“直隶”。直隶下辖八府：顺天府、保定府、永平府、河间府、真定府、顺德府、广平府、大名府。清代基本承袭明朝格局。顺治初年设置“直隶省”，行政长官为直隶、山东、河南三省总督，因为要管三地，办公场所就设在了大名府（今邯郸市大名县），这儿也正是三地交界之所。1658年，改设直隶巡抚，专门管辖直隶事务。直隶巡抚的办公地点一度在真定府（今正定县）和大名府之间迁移不定，1669年又迁到保定。1724年，雍正帝对直隶行政区划大加调整，新增了五个和“府”平级的“直隶州”，重新设立直隶总督，才算形成定制。虽然，直隶长官办公地点几经变更，但辖区大体稳定，包括了今天北京市、天津市，河北省的大部，以及内蒙古、辽宁、河南和山东的一部分。

当时，北京的地方官叫顺天府尹，官居三品。按说，顺天府尹比二品官直隶总督低一级，管辖范围也不大，大概相当于现在北京二环以内区域。但毕竟是天子脚下的父母官，顺天府尹的地位十分特殊，不但可以接管全国递交的诉讼案件，还可以直接插手中央事务。而且三品衙门按规定只能用铜印，顺天府却获准使用银印。自古以来，首都稳则天下稳，皇帝对顺天府也十分重视。雍正皇帝曾亲自为顺天府题写匾额“肃清畿甸”，还为顺天府写训词说，“畿甸首善之区，必政肃风清，乃可使四方观化。非刚正廉明者，曷可胜任”。

【小贴士】

《春明梦余录》载：“旧制，三品衙门用铜印，顺天府则用银印，诚重之也。”

对顺天府尹人选，朝廷十分慎重，有时直接由中央高官兼任。比如，北京大学首任校长孙家鼐就曾以都察院右都御史、工部尚书身份，兼任顺天府尹，转换成今天的话来说，大概相当于以建设部、中纪委双料首长兼任北京市长，称得上高配了吧！

辛亥革命后，清朝灭亡，1914年，顺天府被改为“京兆地方”，设京兆尹。1928年，国民政府定都南京，京兆也随之撤销。

回顾直隶发展史，1840年具有重要的节点意义。1840年以前，直隶境内呈现为一横一纵两条城市带，横的是长城沿线，纵的则是南北水陆交通线，横纵的交汇点正是北京。

1840年之后，随着社会经济、政治格局的变动，直隶的发展态势也发生着变化。正如有的学者所指出的，天津开埠之后，在其带动下“直接导致直隶形成新的城市经济带以及北京—天津—唐山—秦皇岛经济区”[①]这一经济带对直隶地区的发展起到了至关重要的作用。同时，随着矿业、交通等的发展，唐山、石家庄、秦皇岛这三个近代意义上的城市迅速崛起。而新城市发展起来之后，郊区的农民开始离开土地，涌入城镇讨生活，又推动了京津冀地区新的经济中心的形成。比如，近代以河北高阳为中心形成了规模颇大的棉纺织中心，生息在这里的，不但有做生意的个体农民，还有开设商号的“包买主”，近代化工商业的萌芽悄然生长。[②]

【小贴士】

“高阳离城十里之季朗村中，当1890年顷即有此类布贩车近60辆。这些布车的主人是农民。他们是利用农闲而从事营业的一种半行贩商。他们出现于各产布中心集市，用小资本收买少量布匹，然后结队或独自用小车运向外境去销售，赶集或者兜售。每一辆车载重2000斤，约合70匹；其销售区域则以邻近200里如保定、蠡

① 苑书义等：《河北经济史》第3卷，人民出版社，2003年，第309页。

② 张慧芝：《天子脚下与殖民阴影》，上海三联书店，2013年，第303～304页。

县、博野、赵县为其范围。1890年顷同样出现于青塔镇的此类小布贩，每集多至百余人。”[①]

但是，近代以来直隶地区近代化进程也有不和谐的阴影。特别是天津开埠之后，帝国主义以之为基地，向直隶腹地农村进行经济渗透，倾销商品、掠夺资源，在加速自给自足小农经济瓦解的同时，使农村的贫困不断加剧，对直隶地区城市的发展形成了极大制约。以人口为例，农村剩余劳动力大量流入城市，固然为城市经济发展提供了劳动力，但也引起城市人口恶性膨胀，又由于近代中国城市的工业化水平普遍低下，流入城市的农民难以转化为产业工人，只能滞留城市、成为游民，带来了许多社会问题。

据记载，当时流入城市的“北漂”们，大体以两类职业谋生，一类被称为“食力”，包括家仆、车夫、水夫、小工等出卖劳力的职业；一类被称为“食技”，也就是木匠、瓦匠和各种手工艺人。清末的北京，这样的“北漂”已有数十万之众。显然，在当时的条件下，无论靠北京还是合京津冀之力，都无法为这些“北漂”提供安居乐业的条件。时至今日，“北漂”还在漂，但同一个“漂”字，内涵已大不相同。无论“北漂”群体本身的素养和追求，还是国家和社会提供的发展平台，都发生了天翻地覆的变化。京津冀协同发展战略的出台，更为他们打造了新的更加广阔的舞台。关于这一点，后文还将说到，这里就不赘述了。

① 厉风：《五十年来商业资本在河北乡村棉织手工业中之发展过程》，《中国农村》第1卷，第3期。

“兄弟”连连看

涛声依旧说天津

在北京的“兄弟”中，天津最引人注目。天津位于海河平原，濒临渤海湾。远古时期，这里本是渤海的一部分，后来，河流冲击形成陆地。天津聚落的起点，最初在海河的三岔河口一带，也就是今天天津的狮子林桥和金刚桥附近。

汉代，这里进入到帝国郡县体制之中，分属渔阳郡的泉州和渤海郡的东平。一部天津发展史，离不开一个“水”字。东汉末年，曹操在华北平原上先后开凿平虏渠、泉州渠、新河渠等，形成了以海河为中心的内河航运网，天津成为海河水系的枢纽。隋朝开凿大运河，连通了钱塘江、长江、淮河、黄河、海河五大水系，天津又和长江流域连接起来，成为南北大运河的枢纽，使天津地区航运由区域性转为全国性，这也为天津港日后成为中国北方水陆交通枢纽奠定了基础。到了唐代，从江南运来的大批军粮都要在此

转运，天津在海运中的地位更加重要，由此而得了“军粮城”的别名。

【小贴士】

杜甫诗中的天津

《后出塞》

献凯日继踵，两蕃静无虞。渔阳豪侠地，击鼓吹笙竽。云帆转辽海，粳稻来东吴。越罗与楚练，照耀舆台躯。主将位益崇，气骄凌上都：边人不敢议，议者死路衢。

《昔游》

幽燕盛用武，供给亦劳哉。吴门转粟帛，泛海凌蓬莱。肉食三十万，射猎起黄埃。

宋辽对峙期间，天津成为盐业基地、贸易集市。金代，开始出现“直沽”的称呼。直沽寨是目前可以追溯到的天津市区内最早的聚落。但天津真正崛起则始于元、明。元朝时，经由海道南粮北运取得成功，煮盐业也得到很大发展，天津进一步发展起来。现在天津古文化街附近有一处著名景点天后宫，就是那时最早建立的，这一建筑群是中国三大天后宫之一，也是现存年代最早的天后宫之一。

“要想富，先修路”，这话搁哪个时期好像都对。交通便利的所在，发展得总是比别人要快一些。元朝海运发达，天津成为转运中心；明代漕运发达，南北物产云集天津，商业更加繁荣。到清朝中叶，天津俨然成为新兴的经济和商业中心了。进入近代以后，天津在中外交流中处于前沿位置，天津港口重心也从三岔口转移到租界区的紫竹林，直至成为北方经济中心，和南方的上海并驾齐驱、交相辉映。

【小贴士】

《畿辅通志》对天津的描述

“地当九河要津，路通七省舟车，九州万国贡赋之艘，仕官出入、商旅往来之帆楫，莫不栖泊于其境。江淮赋税由此达，燕赵渔盐由此给，当河海之冲，为畿辅之门户，俨然一大都会也。”

拿直隶总督来说吧，在清代前期，这个大官的办公地经多次变化，一度稳定在保定。同治年间，直隶总督兼北洋通商大臣，又开始了保定天津两地跑。一开始，总督大人主要以天津港是否结冰来确定自己的办公位置，每当冬季天津附近港口结冰，就返回保定办公，待冰面融化可以通航，又回天津。当然，有个性的总督也不遵循这一规律，末代直督袁世凯任期内的每个月都是分成两半，半月在保定，半月在天津，而且，来回乘坐时髦的火车。不过，当时保定和天津之间没有直达铁路，袁大人每次都由保定绕行北京再到天津。说到这儿，插一句，今天京津冀协同发展规划下修建的新津保铁路，使天津和保定两地之间单程只需40分钟左右，昔日总督大人不敢想象的福利，今天的普通百姓也能享受了。

1361年，直沽寨改名为海津镇，天津又被称为“津门”“海门”，其渊源就在这里。1400年，起兵靖难的燕王朱棣经由直沽进兵沧州；称帝之后，为了纪念这个“天子渡河之地”，他把海津镇改名为“天津”。永乐年间，又先后设置了天津卫、天津左卫和天津右卫，在三岔河口西南建筑了卫城，这就是天津城。清顺治帝时三卫合一。“卫”是军事单位，但明清时期，天津的地位远非军事重地这么简单，就像史书上说的，“名虽为卫，实则即一大都会所莫能也。”

顺治年间来到天津的荷兰使节看到的天津是这样的：

这个地方到处是庙宇，人烟稠密，交易频繁，像这样繁荣的商业景象实为中国其他各地所罕见。这是因为，从中国各地驶往北京的船只必须通过此处，这促进了漕运非同寻常的发展，一艘又一艘的船只接连不断地驶过这个城市。这里也成为各种商品的集散地，因为是自由港，无论进口或出口的货物都不必纳税。三岔河口耸立着要塞，高高的墙上筑有守望塔，这对于保卫这个城市和临近地区已经是足够了。

雍正三年（1725年），正式改卫为州，隶属河间府。从天津卫到天津州，看起来只是一字之变，却标志着天津城市性质发生了根本变化。1731年，天津又从州升为府，真正完成了从军事基地向工商业城市的华丽转身。

历史行进至近代，天津迎来了新的发展。可以说，天津是踏着中国近代史的鼓点步入发展的轨道的。1860年，《北京条约》签订，天津被辟为通商口岸。据说，在条约签订前，英国议会曾发生激烈争论，有人提出开秦皇岛为商埠，但最后英国政府从政治上考虑，还是选择了天津。今天，人们到天津旅游，总会去五大道等地观光，欣赏那里的西式建筑。昔日，这里是中国领土上的“外国”——租界。1860年12月，英国驻华公使卜鲁斯照会清政府，在天津紫竹林附近的海河右岸划地400多亩作为租界，这是列强在天津设立的第一个租界。随后，法国、美国也在附近建了租界。此后，列强每发动一次侵华战争，他们在天津的租界就扩张一次。到20世纪初，英、法、美、德、日、意、奥、俄、比等国先后在天津建立了租界，其面积相当于天津旧城的八倍以上；同时，医院、学校、银行、商店等也逐渐建立起来。以租界为依托，列强控制着天津，并以天津为依托，向中国腹地推进。当然，租界的建立，也把西方近代城市建设的理念和成果引进了天津，使天津成为中国接触现代文明的窗口。但是，我们必须看到，近代天津的发展是在西方列强的侵略夹缝中获得的。今天我们翻看昔日天津的“繁华”景象，仍不免令人心酸。

谈起近代天津，不能不说一个重要人物，他就是李鸿章。1870年，李鸿章出任直隶总督兼北洋大臣，此后，他坐镇此处25年间，把天津打造成了晚清洋务运动的一个中心。1867年，设立天津机器局，1878年创设开平矿务局，1880年设立天津电报局，1888年津沽铁路完成，1893年设立了天津医学堂。

今天，漫步在天津街头，稍作历史的探寻，也还能查找到李鸿章的踪影。就拿和百姓生活关系最密切的医疗来说吧。1884年出版的《津门杂记》有这样一段记载：

妇婴医馆，亦建于海大道旁，由美国士商捐建，复承李爵相捐助过半。院中有司其事者，为美国闺秀某医士。每日施医舍药，妇幼云集，病重者住院就诊；无论新旧内外各病，无不应手而愈。蒙爵相夫人赠匾一方，额颜“姮娥仙药”四字。该馆规模亦井井有条，秩然不紊，远近皆感戴之。满目疮痍，行将登仁寿之域矣。

这应该是中国最早的妇女儿童医院之一，筹建这所医院的传教士郝维德是美以美会的医学传教士，本在北京工作，李鸿章为了给夫人治病，请美国驻京领事馆将其请到天津来。郝大夫治好了李夫人的病，让李鸿章产生了在天津建西医医院的念头，于是就有了上文的一幕。随着时光的流逝，李鸿章也罢，郝维德也好，都消失在了历史的烟云之中，但这所医院却一直办了下来。新中国成立后，天津市人民政府接管了这所医院，并进行了扩建，改名为“天津市立儿童医院”，在相当长一段时期内，除天津以外，北京、河北、山东及东北地区的许多儿童患者都慕名前来就医，成为京津冀地区的儿科医疗重镇。

20世纪30年代的天津，贸易总额占华北地区60%以上，棉花出口占全国47%，畜产品出口占全国60%，面粉进口占全国1/3以上，均居全国首位。据1928年的调查数据，在天津的中国城区，有中国人开办的工厂2000余家，资本总额3000余万元，其中，制盐、碱、棉纱、面粉、火柴等17家大型工厂资本额共2900余万元。而在租界区，更是有中外工厂3000多家。相比之下，当时北京老大哥的工业发展被天津小弟弟甩下了好几条街，比较有名的企业只有石景山铁厂和清河制呢厂，牙刷、肥皂、钉子等则要靠天津等地供应。工商业的发展，带来了城市人口的快速集聚。1895年天津城市人口为58万余人，比1840年净增38万多。到1925年，天津城市人口达到107万，1936年更是达到了130万。到了新中国成立前，天津人口已到195万，超过了北京。①

【小贴士】

天津乃九河下稍为工业繁盛之区，不难从想象得之。天津工业发展最要之关键，当在清季末叶。盖庚子以后欧西各国挟其物质文明俱来，乃令我有趋重改革之倾向。工业之由手工业蜕变而为机器工业，由家庭工业而进为工厂工业，实萌蘖于此。（宋蕴璞：《天津志略》，1931年）

① 参见《中国百年大政经周期中的天津沉浮》，《21世纪经济报道》2012年2月6日。

1949年1月15日，人民解放军在金汤桥胜利会师，天津解放。新中国成立，使天津回到了人民手中。1951年8月，政务院决定修建塘沽新港，成立了以交通部长章伯钧为主任委员的“塘沽建港委会”。1952年10月17日，塘沽新港举行了开港典礼，万吨级轮船“长春号”“北光号”“海安号”等驶靠码头装卸，塘沽港迎来新生。

但是，实事求是地讲，在当时国家的整体发展布局中，天津的地位没有得到足够的重视，潜力也没有被充分挖掘。“一五”时期，奠定新中国工业基础的156个重点建设项目，竟然没有一个落户天津。1958年2月，直辖市天津又与河北合并，此后8年间，天津成了河北的省会，天津的厂矿企业也被分流到河北其他地区。直到1967年，天津才重新从河北分离出来，恢复了直辖市的地位。但当时，“文化大革命”刚刚拉开序幕，天津在国家发展版图中的位置依然处于下滑之势。1976年，又遭受唐山大地震的破坏。改革开放之初，天津作为北方经济中心的地位已然不再。1979~1986年，天津年均经济增长只有6.5%，而当时全国的平均水平是9.5%，而同样是沿海城市的深圳，经济增长率更是超过30%。

好在改革的春风很快吹到了这片沿海热土。1984年，改革开放总设计师邓小平考察深圳、珠海、厦门三个经济特区后指出，可以考虑再开放几个点，增加几个港口城市，于是，中国诞生了首批14个沿海开放城市，天津名列其中。1986年，邓小平视察天津开发区，欣然题词“开发区大有希望”，他还说，“我看你们潜力很大，可以胆子大点，发展快点”。“天津开发区很好嘛，已经创出了牌子，投资环境有所改善，外国人到这里投资就比较放心了”。

此后，按照当时天津主要领导提出的“一根扁担挑两头”的城市布局设想，天津开启了滨海新区的建设。2006年，国务院发布《国务院推进天津滨海新区开发开放有关问题的意见》，正式宣布天津滨海新区成为全国综合配套改革试验区，赋予其在金融、土地及行政管理体制改革等方面先行先试的权利。同年，国务院批准了《天津市城市总体规划（2005～2020年）》，把天津定位为国际港口城市、北方经济中心、北方国际航运中心和国际物流中心。2009年，国务院批复同意天津市调整滨海新区行政区划。这一系列政策红利，如同一阵阵春潮，把天津的发展带向一个新的阶段，天津港实现了600年的大轮回，又将迎来面朝大海、繁荣兴盛的局面。

河北诸城点将录

现在，我们一说“京津冀”，总像说哥儿仨。这当然也没错。不过，弟兄三个之间历史渊源很深，分分合合的关系也很复杂。从面积看，个头最大是河北，但河北其实是最晚领到出生证的小兄弟。话说1928年，北伐军赶走盘踞北京的奉系军阀张作霖。南京成为国家首都，北京变成了“北平特别市”，原本拱卫京师的“直隶”也随之变成了“河北”。

要谈河北大地上的诸座城市，先要提一下城市与交通之间的关系。在历史上，很多城市的形成总是与交通线的变迁密切相关。对此，汉代经济学家桑弘羊就有所认识，他认为，有的城市成为天下名都，就是因为占有地利，“居五诸侯之衢，跨街冲之路也”。明清时期，张家口因为地处长城关口而成为北方“旱码头”。当时有一条著名的国际运输线，史称“张库商道”，全长1400多公里，经由张家口通往蒙古和俄罗斯。据记载，仅白酒，张家口每年就要输出100万斤以上，畜牧产品更不计其数。1909年，京张铁路通车，与原有的京奉铁路接轨，张家口“由一小镇渐进而为华北之重要商埠，其商业之发达，人口之增加，交通设施之改善，较往昔有突飞猛进之势”。1918年，张库公路通车，这更使张家口成为通往西北的近代交通枢纽，张家口的贸易也更加繁盛。

一度与陆路要塞地位相当的还有通州、沧州等运河沿线的码头

城市。但随着海运兴起，以及运河自身受到黄河淤泥的影响而航道不畅，清中期以后，运河漕运逐渐让位给了近代交通方式，到光绪年间，漕运被完全废止。但正如俗语所说“几家欢乐几家愁”，正当通州、沧州等运河城市不可避免地衰落时，另一批城市却在火车等近代交通工具带动下而生机勃勃地发展起来。

最典型的就是石家庄。20世纪之前，今天被戏称为“国际庄”的石家庄还是正定府获鹿县内的“石家庄村”。《获鹿县志》（1878年）对它的记载是：“石家庄，县东南三十五里。街道六，庙宇六，井泉四。”1896年，清政府决定修筑芦汉铁路和正太铁路，二者的交会点原本选在正定府的柳林铺。不料，勘测时就遭到当地士绅激烈反对，甚至集体到保定直隶总督衙门门口“散步”，最后，只能改变选址，把“正定车站”修在了石家庄。无独有偶，1903年，正太铁路动工时，又遭到本地守旧乡绅抗议，于是石家庄又获得了一次发展机会。

1907年，附近的乡绅大人们还沉浸在保卫风水的“伟大胜利”中，石家庄已成为连接京师和中原的重要铁路枢纽，从一个名不见经传的小村庄跨越式地进入近代城市的行列，学校、货栈、书店、电影院等带有近代气息的新生事物一一出现；同年，还开办了交通银行石家庄支行，现代经济的金融业也发展起来了。到1910年，石家庄已有各业商户70余家。随着铁路网在京津冀地区广泛铺开，邢台、邯郸等沿线城市也和石家庄一样，日渐兴旺起来，而昔日号称“中国咽喉通九省，神京锁钥控三关”的农业社会经济中心正定则衰落成了一个小县城。与保定相比较，或许能看得更清楚。保定地处华北要冲、京师门户，曾是直隶首府、总督驻地。但随着时间推移，渐渐被石家庄等新兴城市取代。以人口这一指标而言，1921年，保定人口8万，当时石家庄只有6000人；1923年，保定人口增至10万，而石家庄1926年才有4万人。但到了1932年，保定人口只剩4万多，而石家庄已超过9万人。

看完石家庄，我们再谈谈承德。对今天的驴友们来说，承德或许只是避暑山庄、木兰围场的代名词。但在历史上，它却曾是中国的第二政治中心，或曰“夏都”，大体相当于这一段刷屏的热词“行政副中心”。

承德坐落在山间盆地之中，清代初年，这里只是一个小山村，群山环绕，气候宜人，随着帝国在此修建避暑行宫，承德逐渐发展起来。1733年，定名为“承德”。康乾时期，皇帝几乎每年都去避暑山庄居住半年左右。王公重臣多半随行，国家大事多在此决定。更重要的是，皇帝带着一大群达官显贵聚集在这里，为当地商业发展提供了契机，各地商贾云集在此，催生了一座新的城市。正如著名历史地理学家侯仁之先生所指出，承德的发展，其原因完全是因避暑山庄的兴建。“避暑山庄自建城后，遂成为仅次于北京的一个重要政治中心，而承德这个城市的兴起，从一开始就是为这个政治中心服务的。这是承德城市发展的一个大特点。”[1]

【小贴士】

朝鲜使节描述说：“闾井栉比，商贾辐辏，酒旗茶旌，十里辉映，弹吹之声，撤宵不休。康熙间万家，今为数倍，不待四方之征召，已藏数万精甲，亦可谓富且庶矣。”（徐浩修：《燕行纪》卷一）

不过，承德的繁荣没有维持多久，随着清朝的衰弱，作为一座典型的政治性、消费性城市，它也逐渐凋敝。咸丰年间，皇帝只去了一次，还是为了避难，在这里签订了丧权辱国的《北京条约》。1861年，咸丰帝死于避暑山庄，慈禧太后与奕䜣联手，叔嫂二人策划发动辛酉政变，从此开启了中国近代史上长达近五十年的垂帘政治。这段故事，众多文学和影视作品都有表现，相信大家都不陌生。同治即位后，下令停止维修避暑山庄和外八庙。承德作为“陪都”的地位也就彻底丧失。

在河北大地上，有些城市因为近代开埠而发展，比如，位于直隶东北部的秦皇岛。关于这座城市名字的来历，有两种说法，一说秦始皇巡幸到此，出海求仙，因而得名；另一说则是唐太宗李世民征高丽时曾驻于此地，应李世民曾受封秦王，故名“秦王岛”，后误为秦皇岛。长期以来，秦皇岛作为一个海港存在，不急不缓地发展着。清同治之前，还是一片荒凉，只有帆船停泊，几间栈房，并无多少住户。近代以来，清政府被迫开放了多个通商口岸，同时也

① 侯仁之：《承德市城市发展的特点和它的改造》，《侯仁之文集》，北京大学出版社，1998年，第225页。

看到了对外通商的重要性，有识之士如郑观应还提出了“商战”的主张。1898年，恭亲王奕䜣代表总理衙门奏请朝廷，主动开秦皇岛为通商口岸，以扩大开平煤炭外运，减缓天津港的运输压力。秦皇岛开埠之后，围绕港口码头建起了工厂、商店。1898年，清政府又开发北戴河为避暑之地，各国人士纷至沓来，修建别墅、酒吧等。1916年，京奉铁路车站迁移至岛上，秦皇岛终于以一个近代城市的面貌呈现于世人面前。

【小贴士】

兹查直隶抚宁县属北戴河至海滨秦王岛隆冬不封，每年津河冻后，开平局船由此运煤，邮政包封亦附此出入，与津榆铁路甚近。若将秦王岛开作通商口岸，与京榆铁路相近，殊于商务有益。（奕䜣）

河北还曾出现过一批特色城市。比如，皮毛集散地邢台，明万历年间开始兴盛，清光绪年间成为皮业中心。近代的邢台在继承传统产业优势基础上，又开发了纺织业、皮革业和制鞋业。清末，邢台布鞋畅销全国。北洋政府时期，各地军阀混战，冯玉祥、孙传芳等都在邢台订购军鞋，总数达数百万双。离邢台不远的辛集镇，也是著名的皮毛集散中心。一业兴而百业兴，在皮毛业的带动下，辛集发展成了一个颇具规模的特色城镇。

【小贴士】

《束鹿乡土记》：辛集一区，素号商埠，皮毛二行南北互易，远至数千里，羊皮由保定、正定、河间、顺德及泊头周家口等处陆路输入，每年计粗细二色约三十万张，本境制成皮袄等货，由陆路运至天津出售。羊毛由归化城、西坡头、张家口及五台、顺德等处陆路输入，每年计约有四五十万斤，本境制成植绒、毡毯、帽头等货，由陆路运至天津湖广等处出售。骡马鸡皮本境制成黑绿皮脸，每年计约须二十万张，买由赵、冀州、大名府等处，卖在山东归化城天津广东等处，皆由陆路转运。此本境制造之熟货，可以言商务者。牛皮以邻近出者为上品，由大名府、广平府来路者次之，本境煮熬胶割条所需无几，大宗皆由陆路输出东三省，销售计之，每年十余万张马尾归安平制造，皆由客人零卖，数无可稽查。此本境转运之生货可以言商务者。至铜器来由山东，铁器来由山西，洋货来由津埠，竹货来由清河，皆零售供本境之用，并无行市为外客贩卖，不足言商务。惟旧城一市为棉花萃聚之区，每年销售不下二百万斤就由陆路运至深州等地，作农人制衣之用。

又如，药都祁州，也就是现在的河北安国县，北宋那会儿就是全国的药材集散地，“百刀槟榔”“蝉翼清夏”“镑制犀角”“云片鹿茸”四种药被称为“祁州四绝”，行销全国。

再如，北方工业中心唐山，早在明永乐年间，就以开矿能源为推动力发展，到了近代，工业化更成为唐山崛起的直接动力，特别是随着开平煤矿的壮大，推动唐山发展为一个新兴城镇。进入20世纪，唐山工业逐步展开，除了开平煤矿继续发展外，启新洋灰公司建立，并发展为国内首屈一指的大型近代化水泥企业，为铁路和工矿培养人才的近代职业教育也随之发展起来。1905年，创办了铁路学堂，1906年，开平矿务有限公司借助唐山铁路学堂办学，增设采矿学科，更名为路矿学堂，培养铁路和采矿人才，这是全国最早的大学之一。唐山由此成为北方煤炭业、制造业中心，也成为技术人才培养中心。

还值得提一下的是廊坊。它地处京津冀城市群的地理中心，北京、天津两大直辖市之间，被誉为“京津走廊上的明珠”。市区距北京天安门广场40公里，距天津中心区60公里，是中国铁路、公路密度最大的地区之一。历史上，廊坊一度是首都地区的一部分。元时属中书省。明时属顺天府。清时属直隶。新中国成立后，一度又隶属于天津。1989年4月改称廊坊市人民政府。在京津冀协同发展战略下，它成为了兵家必争之地。正所谓“春江水暖鸭先知”，协同发展的政策总是最早在廊坊折射出光芒，那么，廊坊能否像坊间热议的那样成为“最大受益者”？

最后，必须还提到雄安新区。作为京津冀“兄弟”群中的小字辈，它目前还如同嗷嗷待哺的婴儿，但第一声啼哭就引起了广泛关注。雄安新区规划范围涉及河北省雄县、容城、安新三县及周边部分区域，地处北京、天津、保定腹地，区位优势明显、交通便捷通畅、生态环境优良、资源环境承载能力较强，雄安新区规划建设以特定区域为起步区先行开发，起步区面积约100平方公里，中期发展区面积约200平方公里，远期控制区面积约2000平方公里。

按照中共中央的要求，雄安新区建设将突出七个方面的重点任务：一是建设绿色智慧新城，建成国际一流、绿色、现代、智慧城市。二是打造优美生态环境，构建蓝绿交织、清新明亮、水城共融的生态城市。三是发展高端高新产业，积极吸纳和集聚创新要素资源，培育新动能。四是提供优质公共服务，建设优质公共设施，创建城市管理新样板。五是构建快捷高效交通网，打造绿色交通体系。六是推进体制机制改革，发挥市场在资源配置中的决定性作用和更好发挥政府作用，激发市场活力。七是扩大全方位对外开放，打造扩大开放新高地和对外合作新平台。

由此我们可以知道，雄安新区不同于一般意义上的新区，其定位是重点承接北京疏解出的与全国政治中心、文化中心、国际交往中心、科技创新中心无关的城市功能，包括行政事业单位、总部企业、金融机构、高等院校、科研院所等。雄安新区既不是一些人一厢情愿认定的“声东击西的迁都”，也不是在通州北京城市副中心之外再建一个“首都副中心”。从战略布局高度看，规划建设通州北京城市副中心和河北雄安新区，目的在于形成北京破解“大城市病”问题的“两翼”；北京冬奥会带动张北地区建设，雄安新区带动冀中南发展，也将形成河北发展的“两翼”。对此，我们满怀期待。

历史是过去的回响，也是未来的倒影。作为地球上唯一能书写自己历史的生灵，对于人类而言，回顾历史极为重要，它能带给今天和未来无尽的启发，特别是当我们面对新问题踌躇犹豫的时候。很多学者都认为，北京、天津、石家庄、保定、唐山、张家口、承德、秦皇岛等，是推动京津冀一体化进程中的主要城市。比如，有的学者提出，构建京津保三极支撑的大首都核心区，把石家庄和唐山建设成为大首都地区两翼副中心城市，建设张、承、秦等大首都地区特色功能城市。①

正因为如此，在推进京津冀协同发展战略的今天，回顾一下北京这些兄弟的兴衰往事很有必要。一方面，它能帮助我们重温京津冀区域内城市群之间的历史联系，为重新拉近伙伴们之间的关系提供参考。因为在历史上，兄弟们不但受到北京的重要影响，互相之间也发生着影响。比如，天津开埠之后，作为华北地区的中心城市和水陆交通枢纽，其航道连接着华北约22.5万平方公里的区域，发挥了重要的经济辐射作用。西方的机器商品，通过天津进入河北以

① 《京津冀协同发展的展望与思考》编委会：《京津冀协同发展的展望与思考》，首都经济贸易大学出版社，2014年，第17页。

及陕西、河南等广阔的经济腹地，而经济腹地的农副土特产品，又经由天津输往海外。另一方面，也是更重要的，它能警示我们用符合时代要求的方式重构城市与城市之间的共生关系，避免像天津曾经经历的因缺乏准确定位而带来的发展失落，也不要重蹈曾经的承德那样以纯粹行政的力量催生一座城市的覆辙。

“燕赵文化”一家亲

一个地区在其发展过程中总会形成独特的地域文化。这种文化特色既体现在建筑、器物等可见的物质层面，更体现在民风民俗等只可意会的精神层面。它犹如一锅老汤，温润地浸染和滋养着生于斯长于斯的人们。翻看史书，我们发现，睿智的中国古人早就关注到了自然环境与世风民俗之间的联系，以及它们在地域文化形成中的作用。

《陵县志·序》这样描写平原地区的民风：“平原故址，其地无高山危峦，其野少荆棘丛杂，马颊高津，经流直下，无委蛇旁分之势，故其人情亦平坦质实，机智不生。”

京津冀地处华北平原，西临黄土高原，东至渤海之滨，北接内蒙古高原，三地地脉相通，虽然具体生活习俗上有差别，但在思维方式、交往方式和民风民俗上基本一致。可以说，燕赵文化构成了京津冀三地的文化底色。现在我们所说的北京文化、天津文化和河北文化，实际上都是燕赵文化在发展过程中的变体。

“燕赵”二字在今天更多地是指河北或本书所讲的京津冀地区。但在古代，它指涉及的范围广泛的多。战国时期，燕、赵分别指燕国和赵国，其范围大致北起阴山南麓，西至太行山，南抵古黄河，东临大海，大体上包括今天的北京、天津、河北、辽宁，以及内蒙古中南部和山西北部地区。燕赵之地的主要山脉有阴山、燕山、太行山等，总体上呈现出北高南低、西陡东缓的态势；河流则包括海河、滦河、辽河、大凌河、古黄河、大运河等；在山水之间，则有辽阔的华北平原。或许和地理环境有关，自古以来，燕赵文化便呈现出古朴厚重、任侠慷慨的特征。历代史书中提到河北的风俗人情，大都总结为“人性敦厚”“质厚少文”“大率尚义”。杜牧还说过，河北者俗简风浑，淫习不生，朴实坚强，勇于战耕。可以说，这也是燕赵文化最大的特色。侠客豪杰成为这片地方的“土特产”。唐代韩愈曾说过，燕赵古称多感慨悲歌之士；北宋苏轼也说，幽燕之地，自古号多豪杰，名于图史者往往而是。留名青史的侠士荆轲，就是众所知周的燕赵文化人格代表，其易水决绝，义刺暴秦的壮烈之举，几千年来为人们所吟唱。唐代骆宾王在《于易水送人》诗中感慨道：“此地别燕丹，壮士发冲冠。昔时人已没，今日水犹寒。”

【小贴士】

陶渊明《咏荆轲》

燕丹善养士，志在报强嬴。招集百夫良，岁暮得荆卿。
君子死知己，提剑出燕京。素骥鸣广陌，慷慨送我行。
雄发指危冠，猛气冲长缨。饮饯易水上，四座列群英。
渐离击悲筑，宋意唱高声。萧萧哀风逝，淡淡寒波生。
商音更流涕，羽奏壮士惊。心知去不归，且有后世名。
登车何时顾，飞盖入秦庭。凌厉越万里，逶迤过千城。
图穷事自至，豪主正怔营。惜哉剑术疏，奇功遂不成。
其人虽已没，千载有余情。

元明清三代北京作为全国首都的长期历史，又为燕赵文化加入了京师文化的特色，而京师文化最大的特色就是博大、融合。元代以来，作为政治中心，北京是外交活动的主要场所。明清两代，北京因为政治中心地位而成为全国文化中心，各类文化人才向北京集聚，以科举考试为核心的各种学术文化活动也多在京师举行。

北京又是一个多民族共建的城市，也是民族文化融合的大熔炉。北方少数族入主之后，自然把本民族的文化带到这个地区，并与当地传统的汉族文化发生融合，形成独具韵味的文化风格。比如，说到北京的吃食，大家会想起汆白肉、煮血肠、涮羊肉，这就是流传至今的满族食俗之一。又比如，萨其马、豌豆黄、驴打滚儿、炒肝儿、灌肠、油炒面、麻豆腐、豆汁儿、“温朴”（炒红果）等风靡全国的京味小吃，也都带有满族饮食习俗的深刻烙印。

毋庸置疑，京味文化曾经以皇家文化为核心。确实，生活在北京城里的皇帝太多了，这座城市似乎生来就是为做皇城的，那些没在这儿待过的皇帝，总让后人觉得不那么正宗。然而世事变幻、星移斗转，自金冠落地，皇城成为“故宫”的那一刻起，一切皇家器物就成了一幅静止的画。昔日的皇家辉煌渐渐凝滞起来，终于凝成了任人凭吊的风景和文人墨客或寂寥或幽深的心情。没有了皇帝的北京，多样文化在散入百姓家的同时也愈发繁盛，像千百条小溪流，蜿蜿蜒蜒汇集到一处，渐渐流散渗开，一片生机勃勃。大学、图书馆本是近代以来传入中国的西洋事物，京剧、皮影、相声、杂耍虽是土生土长，但也并非京城固有，城南一隅，本是三教九流、南来北往之客杂居混住之地，然而，正是他们成就了浑厚博大的北京文化。千百年的文化传承最终沉积成了老北京人有板有眼、不差丝毫的精致生活，酿出了一股活泼的京韵之水。未经修葺的野长城、卢沟桥的石狮、国子监的古树、帝王陵的坟头土包，乃至城楼上的燕子窝、宫墙缝里的野草根，滴水沧海，显现出真实的故都景致。繁华的北京、喧闹的北京、古朴的北京、雅致的北京，最后全部凝结在了曲折的胡同之中。

这一以燕赵文化为底蕴发展起来的京味文化，经过文化人的提纯和集萃，变得更加精致，更加耐人咂摸。郁达夫写过《故都的秋》，字里行间洋溢着思念。他说，对于一个已经化为异物的故人，追怀起来，总要先想到他或她的好处；随后再慢慢地想想，则觉得当时所感到的一切坏处，也会变作很可寻味的一些纪念，在回忆里开花。关于一个曾经住过的旧地，觉得此生再也不会第二次去长住了，身处入了远离的一角，向这方向的云天遥望一下，回想起来的，自然也同样的只是它的好处。他所感所念的便是北京。类似温润、绵长的情感，在许多与这座城市有着千丝万缕联系的文化人的文字里，都可以读到。谢冰莹在一篇文章中就说过，住在北平时还不觉得怎样，一旦离开她，便会莫名其妙地想念起她来。无论跑到什么地方，总觉得没有北平的好。

【小贴士】

“是的，北平是个都城，而能有好多自己产生的花，菜，水果，这就使人更接近了自然。从它里面说，它没有像伦敦的那些成天冒烟的工厂；从外面说，它紧连着园林，菜圃与农村。采菊东篱下，在这里，是可以悠然见南山的；大概把‘南’字变个‘西’或‘北’，也没有多少了不得的吧。像我这样一个贫寒的人，或者只有在北平能享受一点清福了。好，不再说了吧；要落泪了，真想念北平呀！”（老舍：《宇宙风》，1936年6月16日）

“为什么这里得春偏早呢？首先这里的地势好，这里正是在午门的东南，城墙在这里又是曲尺形，午门上面的高大的五凤楼和西面的紫禁城墙把西北风全部挡住了，按照北京的说法，这里是最背风的地方。既挡住了凛冽的西北风，却又能照得着充足的太阳光，因而便要早逢春了。”（邓云乡：《燕京乡土记》）

在漫长的历史发展中，朴实中带着华贵，平凡中透着讲究的京派文化，不但集中体现在北京，而且也辐射蔓延到整个京津冀地区。比如，20世纪30年代的京派作家群，其活动范围就不局限于北京，而是扩展到整个京津地区。萧乾回忆，1935年，他接手编辑《大公报·文艺副刊》，每个月都要从天津到北京，在来今雨轩请一次茶会，把北京的作家文人聚到一起。

不但京派文化对外辐射，京津冀三地之间的文化交流融合也由来已久。举戏曲曲艺的例子可以形象地说明这一点。河北梆子是一个古老的曲种，但在近代以前主要在农村流行，清乾隆年间传入了天津。当时天津市内及附近郊县村镇都是它的活动地域。20世纪初，不少河北梆子演员来到天津，逐渐形成了卫派梆子，不但风靡天津，而且进入北京，并向全国传播。而天津人喜爱的西河大鼓也传承着燕赵文化的精神韵味。这些只是文化中很小的一部分，但却可以折射出京津冀三地文化融合的基本态势。

正如有的学者所指出的，“天津文化幽默豁达的精神性格中彰显的粗犷质朴、争强敢胜的特点，与河北文化朴实豪放的民风、任勇尚侠精神相似，而北京文化中侠义与率直的精神特质，与皇家文化张扬的博大、精致、全面，与燕赵文化的尚质求实、兼容并包特点一致。共同的文化背景，相连的地域人缘，使得三地文化互补互成，和谐共生，形成紧密的有机结构，塑造了京津冀文化的基本精神，成为京津冀经济大面积成长的‘产床’，以及文化建设重要的取之不尽、用之不竭的‘营养源’。”①

区域发展实践已经证明，一个区域内的文化认同，有助于缩短人与人之间的心理距离，从而降低合作风险和交易成本，为区域协同发展奠定重要基础，从国内的珠三角、长三角到国外的欧盟都是

① 《京津冀协同发展的展望与思考》编委会：《京津冀协同发展的展望与思考》，首都经济贸易大学出版社，2014年，第225页。

如此。正是文化上的一体性，为今天京津冀协同发展战略的顺利实施奠定了深层基础。

还需要指出的是，今天我们考察文化在京津冀协同发展进程中的重要作用，仅从思想观念的精神层面寻找三地在文化上的共同点又是远远不够的，更重要的是找到三地在文化事业和产业发展上实现共赢的基础。近年来，北京大力推动文化创新，促进文化产业升级；天津则加快建设国家动漫产业综合示范园、国家数字出版基地等文化项目，推动文化与旅游、科技融合，发展新型文化业态；河北大力发展新闻出版、广播影视、演艺娱乐等重点产业，建设了一批国家级和省级文化产业园区，打造燕赵文化知名品牌。而这些，都为三地有效整合文化资源，实现文化协同发展奠定了基础。

“京师效应”古今谈

在京津冀地区，作为首都的北京集聚了最多的资源，对周边地区也形成了辐射和带动作用，有的学者将其称为“京师效应”。按照城

市学的理论，“京师效应”又可以分为两个方面，一是推动周边城市发展的“扩散效应”，一是阻碍周边发展的“回浪效应”。[1]

【小贴士】

在经济学上，“回浪效应”和“扩散效应”理论的提出者是著名的瑞典制度经济学缪尔·达尔（Gunnar Myrdal）。从区域经济发展水平来看，一国之内各地区的经济发展都会出现不平衡。这是为什么呢？缪尔·达尔认为，这是因为富庶地区得到了过多的实惠，而欠发达地区的发展则受到了阻碍，而两者之间往复循环的因果关系则加剧了不平衡状态，回浪效应和扩散效应就存在于这种循环之中。具体来说，“回浪效应”指由于人才外流，资本向外移动及贸易发展而对周围地区产生的冲击。一般而言，一地区经济扩展会把其他地区年轻有为的人才吸引过来，而人才的流动在推动该地区经济发展的同时，对落后地区则产生着不利影响。同样，经济扩展地区由于需求增加，会刺激投资，投资的扩大反过来会进一步增加收入和需求，从而导致了投资的新一轮增加，循环往复的结果则使落后地区的储蓄变成了发达地区谋求高收益的工具。缪尔·达尔指出，经济发展除了带来“回浪效应”，还会产生“扩散效应”，也就是说，经济扩展地区会向周围地区进行经济技术扩散，从而提高了周围地区的技术水平。同时，经济扩展地区的生产和生活方面需求又会增加对周围地区原材料和农产品的需求，从而会促进周围地区的经济发展。缪尔·达尔

① 张慧芝：《天子脚下与殖民阴影》，上海三联书店，2013年，第300页。

还指出，在不同的地区，回浪效应和扩散效应很可能是不平衡的。经济发展水平较高的地区，由于交通运输便捷，教育水平较高，扩散效应较强，在落后地区则回浪效应较强而扩散效应较弱。这样，贫困本身就成了贫困的原因。

我们先看“扩散效应”的例子。天津最为典型，开埠以前的天津，长期作为首都北京的辅助城市而存在，尽管天津有优越的自然区位，但如果没有北京的防卫需要和转运漕粮之需，它的河海要津的地理优势也无法转变为发展的条件。正是由于军队屯集和漕运、盐业发展，天津才赢来了商业的繁荣。尤其是盐业，在清代，长芦盐区是全国十大产盐区之一，盐商也是天津最大的商人群体。同时，山西票号在天津落户，也进一步推动了城市经济的发展。

再如，前面我们讲过承德的故事，为了满足皇帝和大臣们到承德避暑，京师到承德的道路得到了修整，近代以来，直隶地区成为铁路优先发展的地区，毫无疑问这也和首都在此有关。扩散效应还体现在京师强大的消费能力对周边地区经济的拉动，因为京师的蔬菜消费量极大，不仅促进了周边蔬菜种植，而且还推动了种植技术进步，大棚技术也被发明出来。《房山县志》中有如下记载：“韭菜……冬月移窖中养，以火炕焙，以马粪养，叶长尺许，不见风日，色黄，谓之韭黄。”煤炭也是一样，据统计，1882～1889年，开平煤矿产量的80%销往京津冀地区。其他如京师所需的花木、文化用品等也刺激了周边地区相关产业的繁盛。

但对于周边的城市来说，京师老大哥的形象并非总是这么亲善，靠近首都，有时候也变成一种难为外人道的负担。京师通往全国驿道两侧的州县，担负着沉重的赋予和迎来送往的任务。尤其是直隶境内，行宫遍布，所在地方不但要为皇族提供各种消费所需，而且还要负责平整道路、修葺房舍，也是苦不堪言。比如《怀柔县志》记载："畅春园起经兰沟南石槽至峰山口入怀柔县界，其实峰山口仅有小径通步，乃凿石丈许，填堑平坦，以通车骑遂焉。辇路要冲，每年四九两月，工部排除司官督修道路。旧例，夫不限数，亦不限日，差竣乃至，费颇多。康熙五十五年，部议每一里，用夫五名，每名工价银六分，每一次用夫五日，共五百七十五名。向用水车亦不限数，今部议每五里，用水车一辆，日给工价银三钱，每一次用车二日，共车九辆。并著为例。"

【小贴士】

清代直隶境内主要行宫表

<table>
<tr><th>县名</th><th>所在道路</th><th>所建主要行宫</th></tr>
<tr><td>顺义县</td><td rowspan="3">京师到承德避暑山庄和木兰围场，又称北道，即原古北口大道</td><td>三家店行宫、南石槽行宫</td></tr>
<tr><td>怀柔县</td><td>琴髻山行宫、祇园寺行宫</td></tr>
<tr><td>密云县</td><td>刘家庄行宫、罗家桥行宫、要亭庄行宫</td></tr>
<tr><td>滦平县</td><td rowspan="3"></td><td>巴克什营行宫、两间房行宫、长山峪行宫、王家营行宫、喇嘛河屯行宫</td></tr>
<tr><td>丰宁县</td><td>波罗河屯、黄姑屯、什巴尔台、济尔哈朗图四行宫</td></tr>
<tr><td>昌平县</td><td>汤山行宫、蔺沟行宫</td></tr>
<tr><td>隆化县</td><td rowspan="2">承德避暑山庄到木兰围场途中</td><td>什巴尔台行宫、波罗河屯行宫、济尔哈朗图行宫、阿穆呼郎图行宫</td></tr>
<tr><td>承德府</td><td>钓鱼台、黄土坎、中关、张三营四行宫</td></tr>
<tr><td>卢沟桥</td><td rowspan="6">京师到清西陵，清代称西道</td><td>龙王庙行宫</td></tr>
<tr><td>良乡县</td><td>黄辛庄行宫</td></tr>
<tr><td>房山县</td><td>半壁庄行宫</td></tr>
<tr><td>涞水县</td><td>秋澜行宫</td></tr>
<tr><td>易州</td><td>良各庄行宫、泰宁镇行宫</td></tr>
<tr><td>涿州</td><td>涿州行宫</td></tr>
</table>

续表

县名	所在道路	所建主要行宫
三河县	京师到清东陵，清代临城称东道	燕郊
蓟州		白涧庄、桃花山桃花寺、葛山隆福寺
遵化州		乌兰峪
迁安、卢龙、抚宁、临榆	京师到盛京	皆建有行宫
霸州	巡视畿辅河工	太堡村行宫、苏桥镇行宫
文安		左家庄行宫
大城		迳台头行宫
安州		新安乡行宫
保定、清苑		皆建有行宫
涿州、新城、雄县、任丘、高阳、河间、献县、交河、阜城、景州	南巡黄河、山东、浙江等地中途驻跸之地	皆建有行宫
完县、唐县、阜平、曲阳、正定	巡游五台山等驻跸之地	皆建有行宫

资料来源：张慧芝：《天子脚下与殖民阴影》，上海三联书店，2013年，第342~343页。

历史上，北京作为首都对直隶地区发展形成的政治、经济、文化等的正反两方面影响，对今天的人们依然有着启示意义。作为现代中国的首都北京，当然不会再像往日那样把沉重的劳役加诸周边的民众，但作为首都，北京一直以来在招商引资、政策扶持、金融支持等方面都享有明显的优势，同时为了保障首都的发展和稳定，周边地区依然作出了许多牺牲，专家学者把这种状况称之为“虹吸效应”。“虹吸效应”原本指一种物理现象，简单说，就是利用连通器原理，将高端水位的水，通过一根或多根装满水的管子，利用压力差，将水由压力大的一边流向压力小、低水位的一边。移用经济学领域，是指因为城市间的发展落差，使人才、资金、信息等各种发展要素从中小城市向中心城市单向转移的现象。北京对周边资源的“虹吸效应”，主要是指首都周边地区的人才、资金、资源不同程度向北京集中。这既是环首都区域贫困带形成的重要原因，又使北京在快速发展中陷入了诸多“大城市病”之中，城市拥堵、房价高企、资源紧张、环境恶化等突出问题限制着北京的进一步发展。

以前文说过的张家口为例或许更加直观。历史上，张家口是个繁华之地。民国时期，它曾是察哈尔和内蒙古的首府，解放战争时期，又是解放军攻克的第一个大中型城市，享有“第二延安”的美誉。但在相当长的时期内，为了保障北京水资源供给、空气质量而投入了大量精力治理生态，曾经效益良好的化肥厂、造纸厂、水泥厂、预制板厂、纺织厂等都被关停，经济发展受到限制，长期扮演了首都农副产品供应基地的角色。

张家口东北部的赤城县，南接延庆、东邻怀柔，与北京挨得更近，受首都的影响也更加明显。赤城是河北的资源大县，境内矿产、水利、林牧业资源都很丰富，其中沸石矿储量居亚洲第一。但是，赤城地处北京上风上水，肩负着供应密云水库的重要任务。为此，赤城的资源开发受到限制，砍掉了多个可能导致水源污染的项目，关停了一批企业。畜牧业曾是赤城的支柱产业，但为了配合首都风沙治理，2002年12月起，赤城就和首都周边山区一起实行了禁牧政策。据统计，实行禁牧政策后，全县牛羊存栏量快速下降，几个以畜牧业为主的乡镇，居民收入也随之下降。当然，无论是张家口还是赤城的干部群众，都理解这些措施符合发展的规律，也是产业结构所需的道义选择，但问题在于，张家口和赤城的产业结构调整节奏又是紧密配合北京的调控节奏的，缺乏自主性，从而给地方发展带来很大挑战。

第二章　突围路

今天，中华民族正走在实现民族伟大复兴的道路上。今天的我们，比任何时候更接近梦想。梦想，意味着对美好生活的期许，对未来前景的憧憬，也意味着对现实困境的突围。京津冀协同发展战略，是现代中国迈向城镇化的重要一着，也是古老的中华民族复兴之路上的关键一步。这一战略的实施，直接改变着京津冀三地民众的生活，关系到数千万人的福祉。京津冀协同发展战略的重中之重和基本出发点，则是疏解北京非首都功能。从这个意义上说，这一战略的实施，又是民族复兴路上一次伟大的突围。在讲述突围的努力之前，不妨让我们先来看看围从何来，以及前贤关于突围的思考和努力吧。

广受瞩目的"城市病"

在2013年年底召开的北京市委十一届三次全会上，时任北京市委书记郭金龙说，人口无序过快增长、大气污染、交通拥堵、部分地区环境脏乱、违法建设等问题，已严重影响到北京的可持续发展，影响首都形象和人民群众的生产生活，必须痛下决心进行治理。正是这次会议上明确提出，要全面打响治理"城市病"的攻坚战。①

"进入新时期新阶段，北京已经成为现代化国际大都市，经济社会发展活力、综合竞争力、国际影响力持续增强。但在长期快速发展中，也积累形成了比较明显的'城市病'，解决体制性结构性矛盾，缓解发展不平衡、不协调、不可持续的问题更为迫切。"在北京市十四届人大二次会议开幕当天，当时的市领导在政府工作报告中如是说。②这是政府工作报告首次直面"城市病"，也是在北京两会报告中第一次明确承认，北京出现了城市病，而且影响到了北京的可持续发展和民生。

【小贴士】

"城市病"是什么病？简单说，就是在大城市里出现的人口膨胀、交通拥挤、住房困难、环境恶化、资源紧张等"症状"。

---

① 《中共北京市委十一届三次全会召开》，《北京日报》，2013年12月24日第1版。

② 《2014年政府工作报告》，《北京日报》，2014年1月24日第1版。

与领导干部的官方表态相比，网民的语言更加辛辣，也更加直接。比如，网上曾流行这么一个段子：世界上最远的距离，不是生与死的距离，而是我在北京街头牵着你的手，却看不见你。

用网友的话来说，在雾霾的日子里，人们终于体会了诗人泰戈尔的“意境”，听来真令人心酸。

“霾都”“堵城”等等，不仅是网民调笑的段子，也牵动高层领导的心，而且也成了西方媒体报道的焦点。

美国历史最悠久、最有影响力的报纸《纽约时报》很早就关注到了北京交通污染、空气污染等问题。2004年4月25日的《古老的土地冲向现代》一文说，“小汽车数量的增加远远超出了道路的发展，北京不再是一个宁静的城市。”

2008年11月14日在《联合国的报道指出要警惕有毒的、棕色的雾霾》一文中又指出，“联合国11月14日发布的报告指出，一种类似煤烟的、有毒的雾霾和有毒的化学物质正在遮盖太阳，污染亚洲大部分地区的数百万人的肺部并改变这些地区的天气模式。报告认为北京是世界上污染最为严重的城市之一。11月12日，北京被一层厚厚的、刺激喉咙的雾霾笼罩——是重工业、家庭燃煤供热、阻塞城市道路的350万辆小汽车作用的结果。”

美国《华盛顿邮报》早在2001年的报道《奥运期间不可逃避的空气污染》中就说：“20世纪90年代中期，世界银行宣布中国首都是世界上污染最严重的城市。北京空气微粒污染——最有害的那种，是安全标准的数倍。雾霾、煤尘和建筑灰尘笼罩，北京的空气污染导致大量的呼吸道疾病和慢性疾病。”①

① 张颖：《美国主流报刊中的北京社会形象》，时事出版社，2015年，第87、78、144页。

冰冻三尺非一日之寒

正所谓，冰冻三尺非一日之寒，今天我们所深恶痛绝的“城市病”也不是一天造成的。就像人体的很多病最终都可以在生活方式找到根源一样。北京的“大城市病”同样可以在这座城市曾经的生活方式中找到病因。而所谓城市的“生活方式”，其实也就是城市性质和定位的问题。正是在这个决定城市样貌和体态的问题上，北京经历过一个漫长曲折的摸索过程。

1949年4月，中共北平市委制定《关于北平市目前中心工作的决定》，提出“恢复改造与发展生产，乃是北平党政军民目前共同的中心任务，其他一切工作，都应围绕这一个中心任务来完成，并服从这一中心任务”。8月，新中国第一任北京市长叶剑英在北平市各界代表会议的报告中也说，北平解放后，最初是集中力量进行接管，接着即提出以恢复、改造、发展生产为我们的中心任务。今后要采取一切有效的方法，继续恢复与发展北平的生产。1950年1月，新中国第二任北京市长聂荣臻在《纪念北京解放一周年》中说，我们的工作是要摧毁一切反动派的残余势力，建立强有力的人民民主专政，以便为生产与建设的发展道路扫除障碍，从而造成条件，使北京有可能从消费城市转变为生产城市。8月，彭真在北京市第一届人民代表大会上说，北京一解放，我们就必须把这个城市由消费城市变为生产城市。

一言以蔽之，当古老的北京历经劫难，走进新中国时期，在迎来光明前景的同时，它面临的第一个历史任务就是把自己变为一座“生产城市”。这是当时执政党和国家意志的体现。早在1949年3月召开的七届二中全会上，就已经明确“只有将城市的生产恢复和发展起来了，将消费的城市变成生产的城市了，人民政权才能巩固起来”，同时，这也确实符合当时历史条件下的客观需要，以及人们对城市的认识水平。在这一点上，以当下的认识苛责前人，既无必要也无益处。

按照这一方针，把发展工业作为北京的重要任务，将其建成一个经济中心，也就成为合乎逻辑的事了。1953年11月，北京市委向中央上报的《改建与扩建北京市规划草案》中，不但强调北京要成为“中心”，而且强调要发展大工业，成为工业基地和经济中心：

北京是我们伟大祖国的首都，必须以全市的中心地区作为中央首脑机关的所在地，使它不但是全市的中心，而且成为全国人民向往的中心。

我们的首都，应该成为我国政治、经济和文化的中心，特别要把它建设成为我国强大的工业基地和技术科学的中心。现在北京最大的弱点就是现代工业基础薄弱，这是和首都的地位不相称的，是不利于首都的社会主义建设和社会主义改造工作的，也是不利于中央各工业部门直接吸取生产经验来指导工作的。因此，在制定首都发展的计划时，必须首先考虑发展工业的计划，并从城市建设方面给工业的建设提供各项便利条件。

1958年6月，北京市委向中央上报《北京城市建设总体规划初步方案》，并在给中央的报告中提出，北京不但要成为工业基地，而且要“迅速”：北京不只是我国的政治中心和文化教育中心，而且还应该迅速地把它建设成一个现代化的工业基地和科学技术的中心。这个规划方案，就是在这样的前提下制定的。这个问题多年来没有解决，现在解决了。

这个强调速度的方案还是“落伍”了，因为方案上报没多久，全国就掀起了“大跃进”的高潮。为了紧跟形势，北京市又根据“大跃进”的精神，对方案作了修改。1958年9月，《北京市总体规划说明（草稿）》再一次强调了北京作为经济中心的定位及其“迅速”工业化的要求，提出“北京是我国的政治中心和文化教育中心，还要把它迅速地建设成为一个现代化的工业基地和科学技术中心”，并要求城市建设“着重为工农业生产服务，特别为加速首都工业化、公社工业化、农业工厂化服务”。在大干快上的历史语境中，短短四年之后的1962年，北京被宣布为已由一个消费城市发展成为一个具有现代化工业初步基础的社会主义“生产城市”。

历史走过疯狂的“文化大革命”年代，到了1977年，虽然作为一场政治运动的“文化大革命”已经被宣告结束了，但人的思想观念的变化更新，却还需要时间。这一年对北京提出的发展目标是，到1985年，首都将变成一个以钢铁、石油化工、电子、机械仪表为主的，以生产高精尖产品为重点的，轻重工业协调的，初具规模的现代化工业基础的城市。在这个目标里，我们看到，首都依然和“钢铁”“石油化工”这些在今天看来有些“违和”的词汇紧紧绑定在一起。

可以说，新中国的前30年里，北京一直在向着“经济中心”努力。也正因为如此，在北京的建设投资中，重工业投资比重极高，一度甚至超过了上海和天津。北京的经济结构也由此成为世界各国首都中的一个特例。

当然，就像我们今天不能嘲笑猴子拖着一条尾巴一样，我们也不能否认首都的工业发展为我国国民经济发展做出了很大贡献，为北京自身的发展打下了基础。但同时，就像我们今天谁也不想再长出一条尾巴来一样，我们也不能无视北京在为成为“经济中心”而奋斗的过程中，所造成的一系列问题，比如空气污染、水污染、交通拥挤等等。

成长带来的烦恼，只有在成长中才能得以化除。发展中的问题，也只能靠更科学的发展才能解决。实际上，对北京城市发展中问题的正视和解决的努力，早已拉开帷幕。

1980年4月，中央书记处作出了首都建设方针的四项指示，指出北京是全国的政治中心，要把北京建成全国科学、文化、技术最发达，教育程度最高的一流城市，而且还明确规定，北京今后不再发展重工业。面对市中心区严重交通堵塞的现实，北京市也曾提出过“打通两厢，缓解中央”的口号，并着手建设城市环路，希望借此缓解交通压力。但实践证明，一环套一环的“同心圆”扩展模式，效果不佳。时至今日，环路已经从当年的二环建到了六环，但拥堵的状况并未得到根本缓解。而城市中心区的高强度开发所导致的汽车尾气大量排放，以及高层建筑增多阻碍大气流通等，反而使空气污染等问题进一步加重。

看来，找对病症固然重要，开对方子更是根本之途。

梁思成：上医治未病

问题究竟出在哪里？当现实似乎令人无可奈何的时候，人们总是习惯于回望历史，在前人的智慧中寻找启迪。当我们翻开尘封的岁月，果然有令人惊奇的发现，早在20世纪50年代，有学者已经预言式地指出了今天面临的困局。让我们静下心来，听一听历史的回响吧。

一个城市的发展，必须使其平衡。19世纪资本主义国家的城市因为无计划、无秩序、无限度的发展，产生了人口及工商业过度集中，城乡对立尖锐化的现象，造成了人口过挤的“中心城区”，极拥挤的住宅楼房，所谓“贫民窟”，以及车辆拥挤等等病态，是我们的前车之鉴。

因政府中心在城内，人口增加，则供应商业亦必更加发展，城内许多已经繁荣起来的地区必更繁荣起来，或是宁静的住宅区变成嘈杂的闹市。世界上许多工业城市所犯的错误，都是因人口增加而又过分集中所产生的。伦敦近年拟订计划以50年长期间及无可数计的人力物力去纠正它的错误。我们计划建都才开始，岂可重蹈人家的覆辙？

上面这些文字，看起来是否就像在说今天的事，实际上，它们出自一份名为《关于中央人民政府行政中心区位置的建议》的报告[①]，也就是后来被人们称作“梁陈方案”的历史文档。

“梁”，清华大学教授、著名建筑学家、近代思想家梁启超之子梁思成；“陈”，则是梁思成的合作者陈占祥。

陈占祥早年留学英国，师从阿伯克隆比爵士。阿伯克隆比爵士曾针对交通堵塞、人口多、贫民窟、环境污染等问题，设计制作了“大伦敦”城市规划，陈占祥作为其学生也参与其中，并由于在该项目的突出表现，被吸收为英国皇家城市规划学会的会员。“大伦敦”规划的关键要素之一就是变城市“单中心”为“多中心”。梁思成和陈占祥在设计北京城市规划时，吸收了这一思想，强调城市发展应坚持平衡性，构建“多中心”，让每个区域有自己完善的工作、生活体系，防止跨区域交通带来的集中拥堵。

让我们来看看他们当年算过的细账：

因为不平衡的发展，必将造成不平衡的车流，集中在若干条街道上，因为无秩序不平衡的发展，必有大量居民每日长途跋涉到工作地，增加车辆交通，造成车辆拥挤的现象。伦敦700万人口中，有100万运输工人，造成平均每7人中有1人以运输为业，将其他6人的身体、生产品和消费品运来运去的不合理的、滑稽现象。洛杉矶百老汇路上，今日汽车的速度比1910年马车的速度还慢。纽约第五街并不太热闹的一段，汽车速度与步行相等。这种交通疾病，都是都市不平衡发展的结果。

现在北京最主要的东西干道是长安街，并与通正阳门的公安街、西皮市等衔接。依据1949年9月11日一次的调查统计，各种车流量最大的是东三座门西口，平均每小时49辆。自行车三轮车最大量是在正阳门大街，每小时1649辆。当时北京汽车总数仅约4000

① 王瑞智编：《梁陈方案与北京》，辽宁教育出版社，2005年，第3页。

余辆，又是汽油罕贵的时期，而且中华人民共和国和中央人民政府尚未成立。假定政府各单位全部沿东西长安街、公安街、西皮市建筑起来，十年之后，汽车数增至3万辆；东西三座门的汽车流通量可能增至每小时六七百辆，或每五六秒一辆，三轮虽可能完全绝迹，但自行车必倍蓰；长安街上与天安门广场两旁汽车之拥挤将比纽约的商业区更甚，再加上无数自行车穿杂其间，其紊乱将不堪设想。假使在广场开大会时，可能使附近相当大的半径以内地区的交通完全停顿。

翻读这些已经成为历史的声音，确实令人感动，也令人反思。因为，在今天我们讨论北京的突围之路时，往往震撼于早高峰挤成“画片”的人脸，或晚高峰满是“红眼”的干道，却很少看到如此细致的统计和计算。1950年2月，梁思成、陈占祥完成了这份后来载入史册的“梁陈方案”，印了百余份，分送中央人民政府、中共北京市委、北京市人民政府有关单位，由于种种原因，这份方案没有付诸实施。后来，梁思成还受到了批判，但他没有为此放弃自己的观点。他说：

城市是一门科学，它像人体一样有经络、脉搏、肌理，如果你不科学地对待它，它会生病的。北京作为一个现代化的首都，它还没有长大，所以它还不会得心脏病、动脉硬化、高血压等病。它现在只会得些孩子得的伤风感冒。可世界上很多城市都长大了，我们不应该走别人走错的路，现在没有人相信城市是一门科学，但一些发达国家的经验是有案可查的。早晚有一天你们会看到北京的交通拥堵、工业污染、人口膨胀。我至今不认为我当初对北京规划的方案是错的。只是在细部上还存在很多有待深入解决的问题。

这些充满哲理的语言，和已经成为一纸旧闻的“梁陈方案”一样闪烁着智慧光芒，对我们今天理解京津冀一体化战略不无裨益。

今天，回忆和研究梁思成以及这段历史的书大多把重点放在整体保护旧北京城的努力上。而在我们看来，“梁陈方案”中更有长久思想魅力的，是“多中心”的设想。

早在20世纪40年代，梁思成就发表文章论述过这一问题。更值得一提的是，1949年6月11日，梁思成在《人民日报》撰文《城市的体形及其计划》中，我们似乎已经能看到今天京津冀一体化战略最初的思想萌芽了。他说：

现代交通工具已将世界缩小了。没有一个城市能再孤立的独善其身。每一个城市与邻近的城市，乃至更远的城市，都是息息相关的。如唐山的煤，天津的进出口贸易等等的问题，都可能影响到北平的计划。所以计划一个城市，邻近城市乡村的地理、社会、经济情形，必须使与本城配合。

在这里，梁思成提到了天津、唐山、张家口、石家庄对于北平的重要性，以及它们之间唇齿相依的关系，而内蕴于这一思想的是“多中心”的观念。实际上，在本书其他章节的叙述中，我们还会看到，“多中心”的思想始终是京津冀协同发展战略形成及落实过程中的核心观念之一。

“多中心”的理念又与梁思成一直认同并倡导的“有机疏散”理论有关。

【小贴士】

“有机疏散”理论是芬兰著名规划学家埃列尔·萨里宁（Eliel Saarinen）提出的。这一理论针对的是20世纪初期西方国家大城市过分膨胀所带来的各种弊病。“有机疏散”论认为，没有理由把重工业布置在城市中心，轻工业也应该疏散出去。城市中心地区由于工业外迁而空出的大面积用地，应该用来增加绿地，而且也可以供必须在城市中心地区工作的技术人员、行政管理人员、商业人员居住，让他们就近享受家庭生活；挤在城市中心地区的日常生活供应部门也应随着城市中心的疏散，离开拥挤的中心地区；挤在城市中心地区的许多家庭疏散到新区去，将得到更适合的居住环境；中心地区的人口密度也就会降低。“有机疏散”论还认为，并不是现代交通工具使城市陷于瘫痪，而是城市的机能组织不善，迫使在城市工作的人每天耗费大量时间、精力在往返的路途上，且造成城市交通拥挤堵塞。

1923年，“有机疏散”理论的推出者萨里宁移居美国。1947年，正在美国讲学的梁思成拜访了这位规划大师，并希望老先生招收中国学生。梁思成在日记中写道：“与谈建筑教学原则，他主张问题要实际，不应用假设问题。所以中国学生若来，须自己把中国问题带来，他可助之解决。”回国后，梁思成把他的一位助手推荐到萨里宁门下。而这位助手就是推动京津冀协同发展战略的重要智囊吴良镛。

从“环渤海”到“首都圈”

清华大学教授、两院院士吴良镛，梁思成曾经的助手和学生，率先提出了“大北京”的设想，这被公认为是“京津冀协同发展”的雏形。如果说，梁思成的首都方案是一种对“围”的预防的话，那么，吴良镛及其团队的努力，就是防止“围”的越来越重的探索。从这个意义上，我们只有理解了梁思成，读懂了吴良镛，才能真正了解并理解京津冀协同发展战略的要义，其实，不论梁思成还是吴良镛，代表的都不是一个人的思想，而是一代知识分子的智慧，也正因为如此，读懂了他们，才能读懂京津冀协同发展战略的历史逻辑。

长期以来，北京城呈现出“同心圆”的生长模式，以旧城为单一中心，新区包围旧区、同心同轴向外蔓延，就像一棵树，随着树龄的增长，年轮一圈一圈往外延伸，这种模式又被人们形象地称为“摊大饼”。让北京走出这个“同心圆”，是吴良镛的夙愿。他说：“对于北京来说，中心城区人口规模和密度的持续加大带来的交通、环境问题，使得中心城区发展必须实施从市区转向区域的‘中心同心圆’战略。”[①]

1999年，吴良镛起草世界建筑师大会的《北京宪章》，并在会上作了大北京设想的报告。第二年，他在北京科协发表题为《大北京地区空间发展规划遐想》的演讲，建议从更大空间范围研究北京的发展，重点解决包括京津冀诸多城市在内的大北京地区发展战略。

2001年10月11日，在河北廊坊召开了“大北京规划”——“京

---

① 吴良镛：《京津冀地区空间发展规划研究三期报告》，清华大学出版社，2013年，第134页。

津冀北地区城乡空间发展规划研究”课题评审会，课题主持人就是吴良镛院士，这项研究正式提出以北京、天津“双核”为主轴，实施双核心—多中心都市圈战略。这位79岁高龄的老人，描绘了大北京地区发展蓝图。他认为，发展世界城市是全球化时代一个国家或地区获取更大发展空间的战略选择，大北京地区应借助其作为大国首都的影响，发展成为21世纪世界城市地区之一，为参与世界政治活动、文化生活、国际交往以及获取国家竞争优势等方面奠定必要的基础。他还提出，对北京城市功能的疏解刻不容缓，必须改变核心城市过度集中的状况，在区域范围内实行“重新集中”，以京津“双核”为主轴，以唐山、保定为两翼，疏解大城市功能、调整产业布局，发展中等城市，增加城市密度，构建大北京地区组合城市，优势互补、共同发展。接着，吴良镛又率团队完成了《京津冀北（大北京地区）城乡空间发展规划研究》，直接推动了《北京城市总体规划（2004~2020年）》的修订。这一份《总规》明确提出，北京城市结构从单中心变为多中心的模式，迈出了走出“同心圆”的制度性步伐，也标志着“摊大饼”模式正式被打破。此后，吴良镛和他的团队还提出要建设一个“畿辅新区”，作为京津冀共同建设世界城市地区的发展地带。

当然，在吴良镛提出“大北京”设想之前，北京、天津和河北三地互相借力、协调发展的设想已在酝酿之中，为便于梳理大北京设想的来龙去脉，我们制作了一张图表。

时间	概念	主要内容	文献或事件
1982年	首都圈	内圈：北京、天津两市和河北省的唐山、廊坊和秦皇岛三市 外圈：承德、张家口、保定和沧州	《北京城市建设总体规划方案》
1986年	环京津战略	依托环京津的区位优势，带动河北实现借力发展	

续表

时间	概念	主要内容	文献或事件
1988年	环京经济协作区	北京市与河北省环京地区的保定、廊坊、唐山、秦皇岛、张家口、承德六地市组建协作区	
1994年	环渤海经济圈	覆盖四省二市一区 四省：河北、山东、山西和辽宁　二市：天津和北京 一区：内蒙古的中部地区	
1994年	促进和加强与津、冀地区的经济技术协作	利用首都的科技、人才优势，按照自愿互利、平等协商、优势互补、协调发展的方针，促进和加强与津、冀地区的经济技术协作，为区域经济的繁荣发展做出贡献	《北京城市总体规划（1991~2010年）》
1996年	首都经济圈	“2+7”模式：以京津为核心，包括河北省的唐山、秦皇岛、承德、张家口、保定、廊坊和沧州7个市，面积共16.8万平方公里	《北京市经济发展战略研究报告》
2001年	大北京	以北京、天津“双核”为主轴，实施双核心—多中心都市圈战略	京津冀北地区城乡空间发展规划研究
2001年	金三角	树立大北京观念，建设京津保、京津唐、京张承三个“金三角”	环京津工作会议
2003年	环渤海	环渤海地区发展	博鳌高级国际论坛
2004年	廊坊共识	加强区域合作，正式确定“京津冀经济一体化”发展思路	京津冀区域经济发展战略研讨会
2004年	北京倡议	建立环渤海合作机制	环渤海经济圈高层论坛
2004年	京津冀都市圈	“2+8”模式：即京津冀都市圈区域规划，北京、天津两个直辖市和河北省的石家庄、秦皇岛、唐山、廊坊、保定、沧州、张家口和承德8个地市	《京津冀都市圈区域规划》

续表

时间	概念	主要内容	文献或事件
2005年	京津冀整体发展	京津冀地区是我国经济社会发展的重要区域。京津冀地区的整体发展将为北京城市持续快速发展提供支持，尤其京津城镇发展走廊是未来京津冀区域城镇协调发展最重要的地区，是确定北京未来城市发展主导方向的重要因素之一	《北京城市总体规划（2004~2020年）》
2006年	一轴两带三空间	进一步推进滨海新区开发开放，把天津市建设成为国际港口城市、北方经济中心和生态城市	《天津市城市总体规划（2005~2020年）》
2006年		充分利用环京津和环渤海的区域优势，注意与周边地区优势互补、相互促进、共同发展	《河北省城镇体系规划（2006~2020年）》
2011年	首都经济圈	“京津冀一体化”“首都经济圈”的概念写入国家“十二五”规划，成为国家战略	国家“十二五”规划纲要
2013年	京津“双城记”	谱写新时期社会主义现代化的京津“双城记”	调研天津讲话（5月）；调研河北（8月）
2013年	京津冀协同发展	推动京津冀协同发展	在北戴河主持研究河北发展问题时的讲话
2014年	京津冀协同发展	正式把京津冀协同发展作为重大国家战略	听取京津冀三省市汇报
2014年	环渤海及京津冀地区经济协作	加强环渤海及京津冀地区经济协作	政府工作报告
2015年	环渤海地区合作	推动环渤海地区合作发展	《环渤海地区合作发展纲要》
2015年	京津冀协同发展	中央政治局召开会议审议通过《京津冀协同发展规划纲要》	《京津冀协同发展规划纲要》

逐一考察时间轴上的每一个点，我们可以比较清晰地看到京津冀战略的演进历程。回顾这段历程，我们不能否认这一战略的问世是疗治北京“城市病”的一张药方，或者说很大程度上是作为一座城市的北京在发展过程中自我突围的必然要求。但同样不能否认的是，这又是一个国家战略，是国家统筹考虑区域协调发展后作出的战略抉择。正因为如此，随着社会发展脚步的前行，不论在京津冀三地对自身发展的规划中，还是在国家高层的全局考虑中，京津冀协同发展的理念才会不断“加码”。

从国家层面看，“京津冀一体化”战略经历了从“环渤海”到“京津冀”的演化过程。“环渤海”本是一个地理概念，由山东半岛、辽东半岛和华北平原三大区域板块组成，因与渤海海域形成环抱趋势而得名。作为经济概念的“环渤海”，则是我国改革开放实践的产物。20世纪80年代初，国家开始建设4个经济特区，1984年又决定开放14个沿海城市。同年，国家计委副主任吕克白从国土规划的观点提出划分东部沿海、中部和西部3个经济地带的意见。1985年9月，党中央关于“七五”计划的建议和国家计委编制的《全国国土总体规划纲要》都采纳了这个意见。1986年4月，“七五”计划经全国人大通过，明确阐述了东中西3个地带的划分。

东部地带：北京、天津、河北、辽宁、山东、江苏、上海、浙江、福建、广东、广西、海南（后单列）。

中部地带：黑龙江、吉林、山西、内蒙古、安徽、江西、湖南、湖北、河南。

西部地带：四川、云南、贵州、西藏、陕西、青海、宁夏、新疆。

从这时开始，我国的宏观战略比较明显地向东部沿海地带倾斜，实行了东部沿海地区优先发展的战略。①但同样属于东部地带，与珠三角、长三角等南方开放地区相比，北方沿海地区的发展整体上要慢得多。而当时，国内外对东北亚经济、黄海圈发展和渤海湾开发等问题也高度关注。1985年8月，天津还成立了“环渤海经济研究会”。

正是在这样的背景下，研究全国性和北方生产力布局问题多年的国家级科研单位中科院地理所对东中西三大经济地带，特别是北方沿海地区的发展主动做出了探索和研究。在1985年底的一次讨论会上，时任中科院地理所副所长的李文彦提出了“大渤海（湾）地区”的概念：在北方沿海地区，只就京津唐地区考虑，无论在经济基础、人力资源和开放环境上都是难于与珠三角、长三角相比的，但如果加上邻近的山东半岛和辽东半岛以及河北中南部，那就有较大的资源与经济实力了。另外，鉴于日本的濑户内海、美国的五大湖和墨西哥湾沿岸都是十分集中的产业集聚地区，我们是否也应考虑对沿着渤海这一圈，亦即京、津、冀、鲁、辽这个大区域（姑且称为大渤海湾地区），加以通盘规划，以促进我国北方经济的大发展。

这一提法得到他的同事们的赞同和补充。1986年4月，地理所正

① 孙日瑶：《当代中国经济理论发展与实践》，山东大学出版社，1998年，第209页。

式向中科院和国家计委提交了《应当进行“大渤海湾地区资源开发和经济布局”的统一规划和前期研究》的报告。报告对大渤海地区的发展前景持乐观态度，认为在我国东北地带中，从经济、社会、文化等方面综合衡量，这一地区的重要性都分别超过以长三角为中心的沪苏浙闽地区和以珠三角为中心的两广地区，并预测至21世纪初，该地区将成为我国最发达的对外开放地带和工业、城镇集聚地带之一，全国最大的钢铁基地、石油石化与海洋化工基地、造船汽车等机械制造工业基地、棉花和果树生产基地，以及重要的电子、轻工业基地，将形成环绕渤海的强大的综合运输网。①

1986年在天津召开了“环渤海地区合作市长联席会议”，由时任天津市长李瑞环主持。1987年，还创办了《渤海湾经济瞭望周刊》。

20世纪90年代初，中央形成了“七大经济区”的设想，即东北地区、环渤海地区、长江三角洲地区、东南沿海地区、中部地区、西南和东南部分省区、西北地区。国家“九五”计划采纳了这一设想。京津冀鲁被划入环渤海区域，而辽宁则一分为二，一部分划入环渤海区域，一部分划入东北地区。这是“环渤海经济圈”纳入国家层面统筹规划的开始。

1992年，国家计委国土地区司在大连召开环渤海地区经济发展基本思路座谈会，提出要将环渤海地区作为一个整体来统筹考虑和规划。也是在这一年，党的十四大召开。十四大报告明确指出：以上海浦东开发开放为龙头，进一步开放长江沿岸城市……加速广东、福建、海南、环渤海湾地区开放和开发，力争经过二十年的努力，使广东及其他有条件的地方成为我国基本实现现代化的地区。

① 李文彦：《经济地理研究拾零与经历回顾》，气象出版社，2008年，第114～115页。

这就标志着“环渤海经济圈”正式成为一项国家战略。同年，国家计委编制的《2000年环渤海地区经济发展规划（初稿）》明确把“环渤海”的范围界定为北京、天津、河北、辽宁和山东。1993年、1994年，山西省、内蒙古自治区中部七盟市又被相继纳入。1996年通过的《国民经济和社会发展“九五”计划和2010年远景目标》中，则提出了“以辽东半岛、山东半岛、京津冀为主”，并提出，依托沿海大中城市，打造环渤海综合经济圈，并将其纳入中国七大经济区规划中。

但正如有的学者所分析的，“环渤海经济圈”涉及的省市太多，协调起来比较困难，而且与长三角不同，“环渤海经济圈”区域间要素互补性和产业衔接都很缺乏，这几个省市“我离开你也能进行经济发展，相互竞争更多”。比如河北、辽宁、山东农业都不错，工业都有自己的钢铁和机械工业，“它们产业结构趋同，没法合作”。或许是因为这些阻碍，“环渤海经济圈”虽然经常被提起，并寄予厚望，但并没有像人们预期的那样出现珠三角、长三角式的发展势头。①

时光翻过20世纪，进入21世纪。在世纪之初，“环渤海”就成为舆论热词。2001年，“十五”计划继续强调，要发挥环渤海等经济区域在全国经济增长中的带动作用。2004年2月12日至13日，国家发改委地区经济司召集北京、天津、河北以及秦皇岛、承德、张家口、保定、廊坊、沧州、唐山各地发展改革部门负责人，在廊坊召开京津冀区域经济发展战略研讨会，石家庄、衡水、邯郸、邢台市发展改革部门负责人列席会议，会议达成了“廊坊共识”②。

---

① 《保定成为“畿辅节点”背后的秘密》，《南方周末》2014年4月3日第1版。

② 《廊坊共识》，《天津经济》2004年第4期。

【小贴士】

廊坊共识

1. 加强京津冀区域协调发展符合区域内各方利益，是提高区域整体竞争力的迫切需要，也是推进区域经济一体化进程的必然选择。

2. 京津冀区域经济合作取得了一定成效，但在协调发展中还存在体制、机制、观念等方面的障碍，必须予以突破。

3. 京津冀区域协调发展应坚持市场主导、政府推动的原则，在平等互利、优势互补、统筹协调、多元发展的基础上循序推进，逐步形成良性互动、竞争合作的区域发展格局。

4. 建立京津冀发展改革部门的定期协商制度，加强信息沟通，研究区域发展中的最大问题并提出对策建议，积极发挥组织协调作用。

5. 尽快建立京津冀省市长高层定期联席会议制度，议定合作重大事项，制定促进共同发展的区域政策和重大措施；联合设立专门的协调机构，落实省市长联席会议确定的任务。

6. 启动京津冀区域发展总体规划和重点专项规划的编制工作，统筹协调区域发展中的基础设施、资源环境、产业布局、城镇体系等相关问题。

7. 共同建构区域统一市场体系，消除壁垒，扩大互相开放，创造平等有序的竞争环境，推动生产要素的自由流动，促进产业合理分工。

8. 联合开展港口、公路、铁路、机场等交通设施建设，逐步构筑联系各地的快速交通通道，形成现代化区域交通体系。

9. 协调区域内重大生态建设和环境保护等问题，联合开展水资源的保护与合理利用。

10. 积极引导和支持区域内行业及企业间的经贸、技术合作，共同举办京津冀一体化论坛、经贸合作洽谈及招商引资活动。

当年5月，第七届北京科博会“环渤海经济圈合作与发展高层论坛”论坛上，17个国家驻华使馆负责人及环渤海5省2市众多政府官员参会，龙永图对此给予了高度评价，他说：“有关环渤海经济圈区域经济合作与发展问题，在高层政府层面讨论，还是第一次。”6月，环渤海地区合作机制会议召开，与会的5省2市共同达成了一个合作框架协议，并将常驻机构设在河北廊坊。种种迹象表明，“环渤海”将从引人遐想的概念，变为灿烂的现实，而其试水的基地，就在廊坊。

但实际上，这一轮试水的效果依然不理想。就在“廊坊共识”达成的次月，首都科学决策研究会主办的《领导决策信息》上就刊载了一篇《“廊坊分歧”折射“京津冀一体化”隐忧》的短文。这篇不足千字的文章说：在河北省看来，廊坊共识的背后，分歧是显然的，并引用河北省发改委官员的话说：“北京方面不同意‘经济一体化’的提法，反复强调‘京津冀合作’。”此外，河北官员还担心，在京津两大轴心辐射下，河北会不会出现产业边缘化的倾向？河北经济会否逐渐走向市场竞争的角落？文章的最后以“本刊观察员”的名义指出：“仅仅廊坊会议上一个合作层面的共识，是不能从根本上解决要素资源整合的大问题的。……从廊坊会议上的一些分歧看，尽快建立一种利益让渡或平衡的机制，可能是打破目前僵局的一块砝码。但这有一个前提条件，那就是京津冀都首先要有一种发展一体化的迫切愿望。当然这种愿望不仅仅是一个合作姿态的问题。”[1]

虽然不知道这位“观察员”的真实身份，但以我们今天的“后视之明”，不得不对其分析和预见表示赞叹。确实，京津冀一体化，绝非一个愿望或者姿态那么简单，而必须是一种内生的发展动力，为了生活更美好的期待以及为此而付出的努力。我们编写这本书的目的其实也正在于此。

环渤海地区的差异，在与长三角、珠三角的比较中看得更加明显。随之，在2005年的全国政协十二届二次会议上，有委员发言指出，近年来，与长三角、珠三角地区相比，环渤海地区经济发展速度慢、经济实力降低，区域优势没有得到应有发挥。而在同年召开的政协北京市十届委员会第三次会议上，也有委员在提案中指出，相比长三角和珠三角，京津冀（或环渤海）区域显得冷清，关键是京津冀三地间产业链没有基础，都是各搞各的。[2]确实，在20世纪80年代初期，环渤海地区的GDP总量和人均GDP与长三角、珠三角地区相当接近。但在二十多年比拼过后，环渤海地区GDP总量和人均GDP只相当于长三角和珠三角地区的2/3。

这也就难怪，今天人们谈起“环渤海”时要感慨一声“起个大早、赶个晚集”了。

柳暗花明“京津冀”

“山重水尽疑无路，柳暗花明又一村”，这是大自然布置景致的惯用手法，也是历史之手推动社会发展喜用的手段。就在人们为“环渤海”概念的“空壳化”产生无尽惆怅之时。“京津冀”的理念赢得

---

① 《“廊坊分歧”折射“京津冀一体化”隐忧》，《领导决策信息》2004年3月第12期。

② 李兴：《环渤海，还是京津冀》，《中国商界》2005年第8期。

重视，并为区域发展注入了新的生机。从某种意义上说，正是北京“突围”的无奈之举，为酝酿了三十多年的“环渤海”乃至北方沿海地区打开了一条新的突围路径。

2005年制定的《北京城市总体规划（2004~2020年）》，对京津冀整体发展作出了详细部署。2010年，北京市规划委员会对《北京城市总体规划（2004—2020年）》实施五年来的情况作了评估，强调指出，首都未来发展的出路对内要加快发展方式的转变，对外着眼于区域一体化建设，只有一个整体协调发展、次级城市发展程度高的区域，才能疏解北京人口和截留区域人口、承接北京产业梯度转移、更好地进行区域资源环境合作，更有利于北京世界城市的建设。①

2011年3月，“京津冀一体化”“首都经济圈”的概念写入国家“十二五”规划，成为国家战略。“京津冀一体化”终于在国家层面得到强有力的推动。2013年5月，中共中央总书记习近平在天津调研时提出，要谱写新时期社会主义现代化的京津“双城记”。2013年8月，习近平在北戴河主持研究河北发展问题时，又提出要推动京津冀协同发展。2014年2月，习近平召开座谈会，这一发展战略进入了破局的快车道。2014年3月5日，国务院总理李克强在作政府工作报告时指出，加强环渤海及京津冀地区经济协作。而国家主席习近平在此前听取京津冀协同发展工作汇报时强调，实现京津冀协同发展是一个重大国家战略，要坚持优势互补、互利共赢、扎实推进，加快走出一条科学持续的协同发展路子。自此，京津冀协同发展进入了快车道。

3月16日，新华社全文播发《国家新型城镇化规划（2014~2020年）》。敏锐的读者发现，在这份文件中，三次提到了“京津冀”，而且都是跟珠江三角洲、长江三角洲并列。而在此前的官方

① 《北京城市总体规划（2004~2020年）实施评估》，北京市城市设计规划研究院网站，http://www.bjghy.com.cn/ghy2Develop.aspx?menu=2&sideitem=22&Tid=88。

文件中，占据这个位置的一般是“环渤海经济圈”或者“环渤海地区”。

改革开放以来，我国东部沿海地区率先开放发展，形成了京津冀、长江三角洲、珠江三角洲等一批城市群，有力推动了东部地区快速发展，成为国民经济重要的增长极。

京津冀、长江三角洲、珠江三角洲三大城市群，以2.8%的国土面积集聚了18%的人口，创造了36%的国内生产总值，成为带动我国经济快速增长和参与国际经济合作与竞争的主要平台。

京津冀、长江三角洲和珠江三角洲城市群，是我国经济最具活力、开放程度最高、创新能力最强、吸纳外来人口最多的地区，要以建设世界级城市群为目标，继续在制度创新、科技进步、产业升级、绿色发展等方面走在全国前列，加快形成国际竞争新优势，在更高层次参与国际合作和竞争，发挥其对全国经济社会发展的重要支撑和引领作用。

2015年2月10日，中央财经领导小组第九次会议召开，习近平指出，疏解北京非首都功能，推动京津冀协同发展，是一个巨大的系统工程。4月30日，中央政治局会议审议通过《京津冀协同发展规划纲要》。10月12日，国家发展改革委员会印发了《环渤海地区合作发展纲要》，而在《纲要》中，我们可以清晰地看到京津冀的重要性。

加快环渤海地区合作发展，是推动落实“一带一路”、京津冀协同发展重大国家战略和深入实施区域发展总体战略的重要举措，有利于打破行政分割，在更大范围内优化配置资源要素，统筹解决京津冀和环渤海地区发展面临的突出矛盾与共性问题。

以北京为核心，进一步强化京津双城联动，立足京津冀、山东半岛、辽中南等城市群的现实基础和比较优势，加强创新驱动，促进特色发展、错位发展和互动发展，引领多领域、多层次、多形式对接交流，努力实现区域整体效益最大化，切实提升发展质量和竞争力，积极打造带动合作发展重要引擎。

京津冀是环渤海地区合作发展的中心区。围绕实施京津冀协同发展重大国家战略，以优化提升首都核心功能、解决北京“大城市病”为目标，突出北京全国政治中心、文化中心、国际交往中心、科技创新中心的功能定位，有序疏解北京非首都功能，努力建设国际一流的和谐宜居之都。

建立由北京市牵头的环渤海地区合作发展协调机制，协商制定合作发展框架和重大战略，共同解决区域合作中的突出问题。

显而易见，在这次突围行动之中，北京处于领头羊的地位。虽然，这是客观所需。但在国家战略中明确由北京“牵头”，依然具有非同寻常的意义。

七次“总规”绘蓝图

在京津冀协同发展战略不断推进并变为现实的今天，也要看到，京津冀协同发展的理念并非“飞来峰”式的奇思妙想，它的确立同样也经历了一个漫长而曲折的探索过程。这一点，对比一下新中国成立特别是改革开放以来历次“北京城市总体规划”就可以看得很清楚。不论是在《北京城市建设总体规划初步方案》（1957年）、《北京市总体规划说明》（1958年）还是在《北京城市建设总体规划方案》（1973年）等文献中，我们都可以看到，北京的发展主要还是北京自家的事，相邻的小伙伴们并没有真正进入北京老大哥的发展视野之中。

在北京步入作为新中国首都的第二个三十年之际，这种状况终于得到了改变。1980年4月，中央书记处作出首都建设方针的重要指示，明确指出北京是全国的政治中心，是我国进行国际交往的中心。首都建设应有四条指导思想。[①]

【小贴士】

首都建设四条指示

一是要把北京建成全中国、全世界社会秩序、社会治安、社会风气和道德风尚最好的城市。

二是要把北京变成全国环境最清洁、最卫生、最优美的国内第一流的城市，也是世界上比较好的城市。

三是要把北京建成全国科学、文化、技术最发达，教育程度最高的第一流城市，并且在世界上也是文化最发达的城市之一。

四要使北京经济上不断繁荣，人民生活方便、安定。要着重发展旅游事业，服务行业，食品工业，高精尖的轻型工业和电子工业。下决心基本不发展重工业。

① 刘牧雨、戚本超、黄序主编；齐大之副主编：《北京改革开放30年研究·城市卷》，北京出版社，第22页。

值得注意的是，当时已有一些专家提出，控制北京城市规模应在京、津、唐、张、承、保的大范围内统筹考虑。1982年制定的《北京城市建设总体规划方案》吸纳了这些建议，提出了“首都圈”的概念。中央对《总规》的批复也对此表示首肯。但限于当时的条件，这一“大北京”仍被视为长远目标，没有提出明确的落实措施。有的专家认为，“从长远看，无疑这是一个正确的方针，而且也是截流新建工业和外省市人口的根本办法。但依靠此办法解决市中心区人口的近期外迁问题，条件尚不成熟。为此，近期还要重点研究在郊区如何有重点、有步骤地发展卫星城的问题”。[①]夸张一点说，如果不是今天“京津冀协同发展”逐渐清晰，“首都圈”的概念或许已经在故纸堆中变成一个历史名词了。

十年后，1994年颁布的《北京城市总体规划（1991~2010年）》，并没有使用“首都圈”的提法，而是换成了一段更加平实的表述：“利用首都的科技、人才优势，按照自愿互利、平等协商、优势互补、协调发展的方针，促进和加强与津、冀地区的经济技术协作，为区域经济的繁荣发展做出贡献。”1996年，《北京市经济发展战略研究报告》中又提出“首都经济圈”的概念，具体形式是“2+7”模式，即以京津为核心，包括河北省的唐山、秦皇岛、承德、张家口、保定、廊坊和沧州7个市，面积共16.8万平方公里。

时间又走过十年，我们翻开2005年颁布的《北京城市总体规划（2004~2020年）》（以下简称《规划》），就会发现，京津冀的整体发展已有了一套比较详尽的蓝图。

首先，京津冀整体发展及其对北京城市发展的意义被写入《规划》的第一章“总则”之中：

---

① 刘歧：《关于实施北京城市总体规划的几个问题》，《城市问题》1984年第1期。

北京所在的京津冀地区是我国经济社会发展的重要区域。京津冀地区的整体发展将为北京城市持续快速发展提供支持，尤其京津城镇发展走廊是未来京津冀区域城镇协调发展最重要的地区，是确定北京未来城市发展主导方向的重要因素之一。

其次，在《规划》的后续各章中，列了不少专门的条目，对如何推动京津冀整体发展作了说明：

积极推进环渤海地区的经济合作与协调发展，加强京津冀地区在产业发展、生态建设、环境保护、城镇空间与基础设施布局等方面的协调发展，进一步增强北京作为京津冀地区核心城市的综合辐射带动能力。

加强与以天津港为核心，京唐港（王滩港区、曹妃甸港区）、秦皇岛港共同组成的渤海湾枢纽港群海洋运输体系的协调，建立以北京为核心的区域高速公路和铁路运输体系，以北京首都机场为枢纽的区域航空运输体系，形成陆海空一体、国际国内便捷联系的区域交通网络。

在京津冀城镇群的核心地区形成以京津城镇发展走廊为主轴，京唐、京石城镇发展走廊和京张、京承生态经济走廊为骨架的区域空间体系，实现区域统筹协调发展。

以生态健康为目标，确保生态安全。加强区域生态环境联合建设和流域综合治理，建立稳定的区域生态网络，特别是与河北、山西、内蒙古合作，加强燕山、太行山山脉生态屏障建设。

区域协调发展。加强北京与京津冀地区，特别是与京津城镇发展走廊及北京周边城市的协调，构筑面向区域综合发展的城市空间结构。

与区域经济发展相协调，积极推进区域产业分工和共同发展。采取差异化战略，加强北京在京津冀地区、全国和全球产业链中的合作与分工，尤其要重视在京津城镇发展走廊形成各具特色、功能互补、布局合理的区域产业协作体系。

这一次《规划》的落实情况，人们拭目以待。虽然未来如何谁也无法完全掌握，但有一点值得欣慰的是，2010年，北京市规划委员会对《规划》实施效果的评估表明，五年来，《规划》所列多项指标提前实现或接近规划预期，从全市用地、人口和经济增长关系来看，城市发展的综合效益有了较大的提升。但制约首都持续发展的问题依然严峻，突出表现在三个方面：一是城市发展的本底问题（底线），即人口、资源、环境之间的矛盾愈发尖锐；二是城市发展的结构问题（框架），即经济社会发展背景下的空间战略调整任务依然艰巨；三是城市发展的民生问题（宜居），即住房、交通等城市宜居建设刻不容缓。①

也可以说，《规划》五年的实践表明，推进“京津冀协同发展”已成为北京突围的必经之途。

这一点，在新一轮城市总体规划中得到进一步贯彻。这次北京城市总规修编是新中国成立以来的第7次。2017年3月6日，北京市长蔡奇在回答“如何建设首都，建设一个什么样的首都”提问时，提到了总规编制工作。他说，在城市战略地位上，更加突出“四个中心”的定位；在空间布局上，对接京津冀的协同发展和城市副中心建设，形成功能清晰、分工合理、主副结合的城市空间格局；在要素配置上，压缩生产空间的规模，适当提高居住用地及配套用地的比重，大幅度扩大绿色生态空间；在城乡统筹上，要加强规划整合，推动城市规划和用地规划合一。

蔡奇还指出，北京城市总体规划要坚持问题导向，守住“人口

① 《北京城市总体规划（2004~2020年）实施评估》，北京市城市设计规划研究院网站，http://www.bjghy.com.cn/ghy2Develop.aspx?menu=2&sideitem=22&Tid=88。

天花板、生态红线和城市开发的边界”这三条线。所谓“人口天花板”，就是到2020年，要将北京的常住人口控制在2300万人；“生态红线”，是指到2030年，生态红线区的面积要从现在的73%达到75%；“城市的开发边界”，指的是坚持城乡建设用地减量发展。目前北京城乡建设用地是2921平方公里，根据“十三五”规划，要减到2800平方公里以内，到2030年要减到2700平方公里。蔡奇说，这意味着，要新增建设用地，首先要做减量，要把现有的建设用地减下来，在减法中才能有新的建设用地，即“减量建设”。①

我们有理由相信，新的城市总规将引领北京变得更加美好。

① 《建设伟大社会主义祖国的首都》，本报记者徐飞鹏、王皓、范俊生：《北京日报》2017年3月7日第1版。

第三章　新工程

深圳经济特区是中国改革开放的总设计师邓小平创建的“一号工程”，这一国家发展大战略已取得巨大成功，成为带动中国经济发展的“龙头”。京津冀协同发展则是习近平总书记新提出的重大国家战略，也可以说是一个新的“一号工程”。前两章主要是回顾了历史，这一章和下一章，我们的目光从历史转向现实，重点介绍京津冀协同发展的战略思想。习近平总书记关于京津冀协同发展的战略思想，是这一战略的总纲，本章将对此作重点介绍。

2014年2月26日，全国两会前一周，习近平主持专题座谈会，阐述推动京津冀协同发展的重大意义。他指出，京津冀已成为继长三角、珠三角之后，第三个最具活力的城市群。他提出京津冀要“抱团”而协同发展。京津冀三地是三根绳，要拧成一股绳，凸显京津冀在全国发展格局中的战略地位。这是习近平一个月内，三次召开专门会议，对北京工作作出战略部署。长久以来，总书记如此密集部署区域经济战略工作，极为少见。习近平提出，京津冀三地要建立科学长效机制，加强顶层设计，编制首都经济圈一体化发展相关规划，明确三地功能定位、产业分工、城市布局、综合交通体系等重大问题，并从财政政策、投资政策等方面拟定具体政策。翌日，中央电视台新闻联播以7分14秒的罕见时长，报道了习近平提出的这一新国家战略。

又一场攻坚战

“京津冀一体化”“首都经济圈”之类的名称，早先在学界和经济界已有所闻，但始终没有形成大的气候。直到来自最高层的关注，将之提升到前所未有的高度，而最高层推动京津冀协同发展国家战略的力度也可谓空前。

明者因时而变，知者随事而制。视野决定格局，格局决定高度。习近平反复强调要“胸怀大局、把握大势、着眼大事”。“京津冀协同发展”是新一届领导集体的一幅“大棋局”。党的十八大以来，以习近平为核心的党中央，站在全面建成小康社会、实现中华民族伟大复兴中国梦的历史高度，深刻把握中国经济和世界经济发展变化的大势，以宏阔的全球视野和卓越的战略远见，相继提出“一带一路”、京津冀协同发展和长江经济带三大战略。

【小贴士】

2016年2月22日至26日，《北京青年报》连续推出了七篇题为“大棋局——2·26习近平总书记视察北京两周年特别报道”，从产业对接、生态环保、古都保护、疏解非首都功能、交通一体化、水资源保护等方面，讲述了习近平的“大棋局”。

三大战略渐次推出，不仅为调速换挡中的中国经济提供了广阔空间和澎湃动能，同时也为艰难复苏中的世界经济提供了“中国机遇”和“中国方案”，是习近平的大手笔、大棋局。通过“‘战略极点’牵引”，中国发展浪潮由珠三角、长三角向环渤海渐次涌动，描绘了中国发展的宏伟蓝图。其中，京津冀地位尤为特殊，协同发展的意义尤为重大。

而这又要从当代中国的“双城记”讲起。2013年5月14日至15日，习近平来到天津调研。在调研时，习近平提出要谱写新时期社会主义现代化的京津“双城记”。北京、天津中国的两个直辖市，也是中国北方最大的城市，自近代以来就如同孪生子一样，相互依存，成为中国北方两颗最耀眼的明珠。天津是北京大门，是京津冀的主要出海口。京津冀一体化，实际上就是让北京和天津双城联动，共同成为区域龙头。

两天时间里，习近平他先后到武清区的农田、滨海新区生物医药研究院、中新天津生态城等地考察，就发展都市型农业、科技创新、建设资源节约型和环境友好型社会进行调研。他希望天津加快发展现代都市型农业，滨海新区要试行重大改革措施，为全国改革发展积累经验，并提出加快发展服务业，形成与现代化大都市地位相适应的服务经济体系。

位于中国发展重心由南向北推移和全球经济重心自西向东转移交会点的滨海新区，2005年，继深圳、浦东之后，被赋予中国经济增长“第三极”的“国家使命”——带动环渤海乃至我国北方经济发展。8年栉风沐雨，8年砥砺奋进，滨海新区开发势如破竹，主要经济指标年均增速超过20%，生产总值达到7205亿元，再造了半个天津。

2013年5月14日，习近平踏上滨海新区这片生机勃发的热土，当得知这里的经济总量已经占到天津经济总量一半以上，十分高兴。

他指出，要以滨海新区为龙头，积极调整优化产业结构，加快转变经济发展方式，推动产业集成集约集群发展。同时，要加快发展服务业，形成与现代化大都市地位相适应的服务经济体系。习近平强调，保持我国经济社会发展良好势头，实现“两个一百年”奋斗目标，都需要进一步深化改革，下大气力解决体制机制弊端。天津要充分利用滨海新区平台，先行先试重大改革措施，努力为全国改革发展积累经验。

2013年8月，习近平在北戴河主持研究河北发展问题时，在提出谱写新时期社会主义现代化的京津“双城记”的基础上，又加上河北，提出要推动京津冀协同发展。河北作为中国革命老区，具有特殊政治意义。革命圣地西柏坡是中国共产党“赴京赶考”的最后一个农村根据地，被誉为夺取全国政权的福地。但革命老区经济依然发展落后，这让曾经在河北正定工作过的习近平心怀不安，魂牵梦绕。长期以来京津冀地区的发展却一直是“两高一低”——河北处于经济洼地。机遇是发展的“加速器”。谁率先把握机遇，谁就会

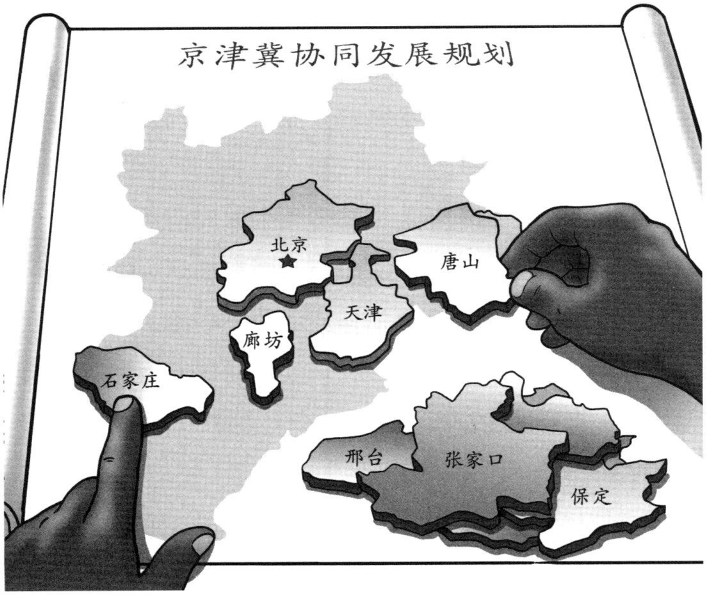

赢得发展的先机。对河北而言，目前最大的机遇就是京津冀协同发展，这首次把河北全域纳入国家战略，这是河北最大的比较优势，也是河北发展的最强动力。而要实现真正的“加速”，就需要河北牢牢把握战略机遇，“始终把京津冀协同发展作为工作主线”。①

最后，我们再来说说京津冀的战略龙头，北京。作为首都，北京的发展不仅关系当地人利益，更涉及国家行政效率及政治影响力。环境安全、交通安全、功能安全和治安安全等多方面安全因素，对北京的首都地位提出了挑战。“一号工程”的重要性就在于，通过区域规划，确保北京安全，确保首都正常运转。

2014年2月25日，习近平在北京调研。他先后来到北京市规划展览馆、玉河、第九水厂、北京市轨道交通指挥中心等进行调研，了解城市规划、环境治理、交通及老城区改造情况，全面深刻阐述了京津冀协同发展战略的重大意义、推进思路和重点任务。总书记对北京饱含深情和关切，对首都发展寄予希望。他指出，北京地位高、体量大、实力强、变化快、素质好，从一个沧桑古都演变为现代化国际大都市，一幕幕变化让人们感到十分自豪。同时，北京在快速发展的过程中也出现了蓝天难现、繁星无影、河水断流、地下水超采、地面沉降等令人揪心的问题，患上了相当程度的“城市病”。北京的问题表面上是人口过多带来的，深层次上在于功能过多，恐怕要做些外科手术，适度疏解功能。因此，疏解非首都功能是治理北京“大城市病”的良方。②

城市战略定位决定着城市的产业布局和发展模式，北京产业布局和发展必须与城市战略定位相适应、相一致、相协调，这是产业发展的大原则。北京做产业要剥去“白菜帮”，留下“白菜心”，

① 罗丹阳：《京津冀要打破“一亩三分地”思维》，《北京青年报》2014年2月28日第4版。

② 同上。

构建“高精尖”的经济结构，使经济发展更好地服务于城市战略定位，提升首都城市发展的质量和水平。

习近平说，首都规划务必坚持以人为本，统筹人口资源环境，规划折腾是最大的忌讳。环境治理对北京是一个系统工程，而大气污染是北京发展面临的最突出的问题，因此要本地治污和区域协调相互促进，多地联动；要把解决交通拥堵问题放在城市发展的重要位置，加快形成高效绿色的综合交通体系。[①]

总书记讲话高瞻远瞩、洞若观火，是做好首都工作的基本纲领和科学指南。

【小贴士】

习近平对北京发展和管理工作提出的五点要求

1. 明确城市战略定位，坚持和强化首都全国政治中心、文化中心、国际交往中心、科技创新中心的核心功能，深入实施人文北京、科技北京、绿色北京战略，努力把北京建设成为国际一流的和谐宜居之都。

2. 调整疏解非首都核心功能，优化三次产业结构，优化产业特别是工业项目选择，突出高端化、服务化、集聚化、融合化、低碳化，有效控制人口规模，增强区域人口均衡分布，促进区域均衡发展。

3. 提升城市建设特别是基础设施建设质量，形成适度超前、相互衔接、满足未来需求的功能体系，遏制城市“摊大饼”式发展，以创造历史、追求艺术的高度负责精神，造首都建设的打精品力作。

---

① 罗丹阳：《京津冀要打破“一亩三分地”思维》，《北京青年报》，2014年2月28日第4版。

4. 健全城市管理体制，提高城市管理水平，尤其要加强市政设施运行管理、交通管理、环境管理、应急管理，推进城市管理目标、方法、模式现代化。

5. 加大大气污染治理力度，应对雾霾污染、改善空气质量的首要任务是控制PM2.5，要从压减燃煤、严格控车、调整产业、强化管理、联防联控、依法治理等方面采取重大举措，聚焦重点领域，严格指标考核，加强环境执法监管，认真进行责任追究。

“京津冀协同发展意义重大，对这个问题的认识要上升到国家战略层面。大家一定要增强推进京津冀协同发展的自觉性、主动性、创造性，增强通过全面深化改革形成新的体制机制的勇气，继续研究、明确思路、制订方案、加快推进。”习近平如是说。[①]

在他心中，京津冀三地是一个互相关联的整体，北京的发展问题必须纳入京津冀和环渤海经济区的战略空间加以考量，天津、河北要实现更好发展，也需要连同北京发展一起来考虑。如何使京津冀协同发展建立起科学长效的机制，真正实现一加一大于二、一加二大于三的效果？习近平牵挂于心。2014年2月26日，习近平在对三地调研和思考的基础上，在北京主持召开座谈会，专题听取京津冀协同发展工作汇报并作重要讲话。召开如此高规格的会议，研究一个区域的协同发展问题，这在新中国60多年的历史上还是首次。

在会上，习近平表示，北京、天津、河北人口加起来有1亿多，土地面积有21.6万平方公里，京津冀地缘相接、人缘相亲，地域一体、文化一脉，历史渊源深厚、交往半径相宜，完全能够相互融

① 《习近平在北京考察工作时强调　立足优势　深化改革　勇于开拓　在建设首善之区上不断取得新成绩》，《人民日报》，2014年2月27日第1版。

合、协同发展。实现京津冀协同发展，是面向未来打造新的首都经济圈、推进区域发展体制机制创新的需要，是探索完善城市群布局和形态、为优化开发区域发展提供示范和样板的需要，是探索生态文明建设有效路径、促进人口经济资源环境相协调的需要，是实现京津冀优势互补、促进环渤海经济区发展、带动北方腹地发展的需要，是一个重大国家战略。从已经做的工作看，三地经济社会发展的不少方面正在朝着目标同向、措施一体、作用互补、利益相连的路子走，这既为提高北京发展水平注入了新的活力，也预示着京津冀协同发展的美好前景。他说，北京的发展离不开京津冀协同发展，京津冀协同发展需要对接北京发展。三省市要自觉打破“一亩三分地”的思维定式，抱团朝着顶层设计的目标一起做。[①]

【小贴士】

习近平关于京津冀协同发展的七点要求

1. 着力加强顶层设计，抓紧编制首都经济圈一体化发展的相关规划，明确三地功能定位、产业分工、城市布局、设施配套、综合交通体系等重大问题，并从财政政策、投资政策、项目安排等方面形成具体措施。

2. 着力加大对协同发展的推动，自觉打破自家“一亩三分地”的思维定式，抱成团朝着顶层设计的目标一起做，充分发挥环渤海地区经济合作发展协调机制的作用。

3. 着力加快推进产业对接协作，理顺三地产业发展链条，形成区域间产业合理分布和上下游联动机制，对接产业规划，不搞同构性、同质化发展。

① 《习近平在北京考察工作时强调 立足优势 深化改革 勇于开拓 在建设首善之区上不断取得新成绩》，《人民日报》，2014年2月27日第1版。

4. 着力调整优化城市布局和空间结构，促进城市分工协作，提高城市群一体化水平，提高其综合承载能力和内涵发展水平。

5. 着力扩大环境容量生态空间，加强生态环境保护合作，在已经启动大气污染防治协作机制的基础上，完善防护林建设、水资源保护、水环境治理、清洁能源使用等领域合作机制。

6. 着力构建现代化交通网络系统，把交通一体化作为先行领域，加快构建快速、便捷、高效、安全、大容量、低成本的互联互通综合交通网络。

7. 着力加快推进市场一体化进程，下决心破除限制资本、技术、产权、人才、劳动力等生产要素自由流动和优化配置的各种体制机制障碍，推动各种要素按照市场规律在区域内自由流动和优化配置。

习近平的战略思想得到了各地积极回应，并不断得到落实。

从北京来看，2014年2月，习近平总书记视察北京并发表重要讲话，明确提出要把解决好北京发展问题纳入京津冀和环渤海经济区的战略空间来加以考量，为北京新一轮发展提供了历史机遇，具有重大的战略意义。京津冀协同发展为疏解非首都功能提供了契机，是实现首都可持续发展的必由之路。

北京这些年发展很快、变化巨大，各方面的成就有目共睹，但确实也面临着很多令人揪心的问题，像人口过多、大气污染、房价高涨、交通拥堵，还有垃圾、污水的治理任务也很艰巨。解决这些问题，仅仅局限于北京自身范围是不够的，所以必须放在更大的空间内来统筹考虑。京津冀协同发展确实为北京的发展，包括治理“大城市病”打开了思路，提供了更大的空间。

从天津来看，京津冀协同发展给天津带来了重要的历史性窗口期。必须坚持以新发展理念为统领，着眼大格局、秉持大胸怀、融入大战略，着力推动发展格局优化、发展动力转换、发展空间拓展、发展环境改善，在协同发展中定位天津角色、展现天津作为、做出天津贡献。2014年至2016年，京冀企业在津投资项目达到4865个，累计到位资金5226.7亿元，占全市引进内资的44%。天津企业到河北省投资项目超过2600个，累计到位资金1300多亿元，京津冀互补优势的有效发挥，有力促进了天津经济社会持续健康发展。2015~2016年，天津共签约引进北京项目3198个、协议投资额6993亿元，其中总部企业139个、科研机构41个、教育机构15个、医疗机构15个、金融机构229个、产业项目2756个。下一步，天津将优化承接平台布局，加快推进滨海—中关村科技园、未来科技城、武清国家大学创新园区建设，着力构建以滨海新区战略合作功能区为综合承载平台、宝坻中关村科技城等若干个专业承载平台为框架的“1+16”承接格局。主动加强对接，主动引进一批总部企业、先进制造业、生产性服务业等机构，在承接非首都功能上取得更大进展。大力发展现代都市型农业，服务京津城市市场农产品供给，积极有效承接北京疏解的农业功能。

从河北来看，河北是京津的水源地、米袋子、菜篮子，北京用水22%，天津用水28%都来自河北，这还是南水北调工程实施后的数据，在此之前，这两个数字更是分别达到了88%和91%。京津冀协同发展，成了一场“及时雨”。在生态环保方面，河北坚持科学治霾、协同治霾、铁腕治霾，努力打造首都生态环境的“护城河”。在产业协同方面，京津冀形成了优势互补的一体化产业格局。以北京启动疏解非首都功能为开端，三省市各就各位，朝着目标同向、措施一体、作用互补、利益相连的路子迅速前行，迎来崭新的发展阶段。

一道待解的数学题

京津冀协同发展由首都经济圈的概念发展而来，包括北京市、天津市以及河北省的保定、唐山、石家庄、邯郸、邢台、衡水、沧州、秦皇岛、廊坊、张家口和承德，涉及京津和河北省11个地级市，在国家发展中是重要一极。

简单地说，这是一道战略算数题，即北京、天津两个直辖市和河北省的协同发展。那么，1+1+1等于多少呢？在数学上，答案十分简单，但在国家发展的战略层面，却并非这么容易。

我们先来看看这三个“1”身上附加了多少重要的关键词：

超大城市、最大空港、世界遗产、中国古都、国际港口、近代工业中心、中国经济第三增长极、夏季达沃斯论坛常驻举办城市、中华民族、亿吨大港、2022年冬季奥运会。

【小贴士】

国务院于2014年11月发布《关于调整城市规模划分标准的通知》，规定城区常住人口1000万以上的城市为超大城市。截至2014年末，六座超大城市为北京、上海、天津、重庆、广州、深圳。

概言之，京津冀濒临渤海，背靠太岳，携揽“三北”，是我国经济最具活力、开放程度最高、创新能力最强、吸纳人口最多的地区之一，也是拉动我国经济发展的重要引擎。

历史上，三地本为一个整体，但北京、天津列为直辖市以来，三地就分家了，处于各自为战的状况。同属一亩田，却由三家分别来耕，由此导致京津冀地区发展面临诸多困难和问题。特别是改革开放三十多年来，在深圳、上海浦东试点开发的带动下，珠江三角洲和长江三角洲两大区域加速发展，推动了中国经济的两次腾飞式发展。相比之下，在经济总量、对外开放程度、市场化进程和区域合作一体化等方面，京津冀与长三角、珠三角还存在着一定的差距。特别是从经济总量上看，京津冀地区明显落后于长江三角洲地区，与珠江三角洲地区相近，人均国内生产总值明显落后于长三角和珠三角；从经济外向度来看，进出口总额、实际利用外资等方面京津冀地区均落后于长江三角洲地区和珠江三角洲地区；从市场化改革进程来看，国有经济比重较高，城市化率低于长三角和珠三角的平均水平；从区域合作一体化来看，受行政体制约束影响，京津冀地区协同发展进程缓慢，步履蹒跚，效果不理想。

以首都北京为例，集聚过多的非首都功能，“大城市病”问题突出，人口过度膨胀，交通日益拥堵，大气污染严重，房价持续高涨，社会管理难度大，引发一系列经济社会问题，引起全社会广泛关注。

持续的大范围雾霾，告诉人们京津冀面临的问题，在任何一地都是无解的，从而凸显了京津冀协同发展的急迫性。实际上，北京雾霾的形成，和京津冀三地产业结构以及能源结构等不合理关系密切，和北京市城市规模过大、机动车过多、空间布局不合理关系密切。如此发展再持续，北京市规模像“大饼”般越摊越大；京津恶性竞争越激烈，河北与京津发展的差距也越大。

由于区域功能布局不够合理，城镇体系结构失衡，京津两极过

于“肥胖”，周边中小城市过于“瘦弱”，区域发展差距悬殊，特别是河北与京津两市发展水平差距较大，公共服务水平落差明显。

长期以来，“北京吃不下”“天津吃不饱”“河北吃不着”的顺口溜折射出三地要素流动与资源配置的窘境。

同时，京津冀地区水资源严重短缺，地下水严重超采，环境污染问题突出，已成为我国东部地区人与自然关系最为紧张、资源环境超载矛盾最为严重、生态联防联治要求最为迫切的区域。

上述问题，迫切需要国家层面加强统筹，打破“一亩三分地”的思维定式，有序疏解北京非首都功能，推动京津冀三省市整体协同发展。

加法+减法=乘法

在发展问题上，有时需要一点数学的思维。

比如，在长江经济带建设的发展与保护问题上，习近平曾有一段非常精彩的阐述：“保护生态环境、建立统一市场、加快转方式调结构，这是已经明确的方向和重点，要用‘快思维’、做加法。

而科学利用水资源、优化产业布局、统筹港口岸线资源和安排一些重大投资项目，如果一时看不透，或者认识不统一，则要用‘慢思维’，有时就要做减法。”①

当加则加，当减则减，执两用中，恰到好处，这种辩证思维，是中国中庸之道的合理利用，彰显了习近平总书记治国理政的要妙。

同理，京津冀的发展也要做好加减乘除的运算。

如果运用数学知识来看“京津冀协同发展”，那么，北京做减法，河北、天津做加法，京津冀一同做乘法。也就是说，北京要有序疏解非首都功能，在人口、产业方面做减法；河北、天津则要帮助北京疏解，接受一些非首都功能的产业与人员，做加法；三地同时调整经济和空间结构，内涵集约发展，优化开发，协同发展，形成新增长极，特别是要在交通一体化、生态环境保护、产业升级转移等重点领域率先取得突破，这是三地的共同目标，此时京津冀都要做乘法。最终实现1+1+1＞3的目标，这一目标的实现，不但有利于破解首都发展长期积累的深层次矛盾和问题，优化提升首都核心功能，走出一条中国特色解决“大城市病”的路子；而且有利于完善城市群形态，优化生产力布局和空间结构，打造具有较强竞争力的世界级城市群；更重要的是，有利于引领经济发展新常态，全面对接“一带一路”等重大国家战略，增强对环渤海地区和北方腹地的辐射带动能力，为全国转型发展和全方位对外开放做出更大贡献。

这是京津冀协同发展的基本数学原理。细细品味，这固然是京津冀协调发展的必然选择，同时也闪耀着中国文化中“和”与“合”的核心理念。

---

① 《习近平在推动长江经济带发展座谈会上强调走　生态优先绿色发展之路　让中华民族母亲河永葆生机活力》，《人民日报》，2016年1月8日第1版。

从更大的视野来看，区域发展不协调、不平衡并非仅是京津冀地区的问题，而且是中国的一个“老大难”问题，东部沿海与西部内陆的差距，城市与农村的差距，时刻都在困扰着我们这个世界上最大的发展中国家，也是当今世界第二大经济体。

其中，京津冀发展不协调、不平衡的矛盾最为突出、最为复杂，关注度最高，解决难度也最大。要解决这个问题，必须通过深化改革打破行政壁垒，构建开放的区域统一市场，建立区域统筹协调发展新体制，为推动全国区域协同发展探索出一条新路子。同时，这也是推动适应我国经济发展进入新常态，应对资源环境压力加大、区域发展不平衡矛盾日益突出等挑战，加快转变经济发展方式、培育增长新动力和新的增长极、优化区域发展格局的现实需要。

“大药方”初见疗效

2015年4月30日，中共中央政治局召开会议，分析研究当前经济形势和经济工作，强调要“高度重视应对经济下行压力”，并从财政货币政策、投资、房地产等方面开出了诸多稳增长的“药方”，释放出了一系列积极的信号。会议审议通过的《京津冀协同发展规划纲要》是中央从宏观层面开出的“大药方”，将会给未来中国的城市格局、产业格局以及老百姓的日常生活，带来翻天覆地的变化。

《京津冀协同发展规划纲要》确定了“功能互补、区域联动、轴向集聚、节点支撑”的布局思路，明确了以“一核、双城、三轴、四区、多节点”为骨架；顶层设计的日臻完善，改革的框架日益清晰，京津冀协同发展步入快轨道。随后，交通、生态环保、产业、科技等一批专项规划相继出台实施。

2015年7月24日，中共中央政治局常委、国务院副总理张高丽主持召开京津冀协同发展工作推动会议，就贯彻落实《京津冀协同发展规划纲要》提出明确要求、作出安排部署。[1]京津冀协同发展的基本原则被概括为五点：

一是改革引领，创新驱动。“形成京津冀协同创新共同体”。

二是优势互补，一体发展。“进一步明确功能定位，充分发挥各自比较优势，调整优化区域生产力布局，加快推动错位发展与融合发展，创新合作模式与利益分享机制”。

三是市场主导，政府引导。“加快完善市场机制，充分发挥市场在资源配置中的决定性作用，有序推动北京非首都功能疏解，促进生产要素在更大范围内有序流动和优化配置”。

四是整体规划，分步实施。“打破‘一亩三分地’思维定式，从京津冀区域发展全局谋划疏解北京非首都功能，加强战略设计，推进布局调整。明确实现总体目标和重大任务的时间表、路线图，研究制定科学管用的实施方案，分阶段、有步骤地加以推进”。

五是统筹推进，试点示范。“不搞齐步走、平面推进，对已达成共识、易于操作的领域率先突破，选择有条件的区域率先开展试点示范，发挥引领带动作用”。

不到一个月，2015年12月7日，京津冀协同发展工作推进会议又在北京召开。会议对2016年总体工作思路作出了部署，要求编制实施好京津冀“十三五”规划，通过科学合理总体布局，努力推动三地“一张图”规划、“一盘棋”建设、“一体化”发展。走出一条内涵集约发展的新路子，探索出一种人口经济密集地区优化开发的模式，促进区域协调发展，形成新增长极：

突出绿色、宜居、人文、智慧发展，注重创业就业与居住功能

① 《张高丽在京津冀协同发展工作推动会议上强调敢于担当真抓实干奋发有为，推动京津冀协同发展取得新进展》，《人民日报》，2015年7月25日第1版。

均衡，高水平规划建设北京市行政副中心。

实施创新驱动发展战略，持续推进交通、生态、产业三个重点领域率先突破，制定重大项目滚动计划，促进合理有效投资建设。

充分认识大气污染防治的长期性、复杂性和艰巨性，加强联防联控，坚持不懈打好大气污染防治攻坚战和持久战。

合力推进社会事业发展，实施精准扶贫、精准脱贫，办好一批民生实事。

强化体制改革、创新驱动、试点示范三个关键支撑，积极稳妥实施重点领域改革，推动京津冀全面创新改革试验区建设。

按照“三严三实”要求，加强组织领导，明确责任分工，把各项工作抓紧抓实抓好。

在党中央的高度重视之下，京津冀三地迅速投入到行动之中。

北京：非首都功能的疏解有序推进

疏解非首都功能是北京城市规划建设的“牛鼻子”，习近平如是说。他还指出，在这个问题上要进一步统一思想，围绕迁得出去、落得下来，研究制定配套政策，形成有效的激励引导机制。要放眼长远、从长计议，稳扎稳打推进。北京的发展要着眼于可持续，在转变动力、创新模式、提升水平上下功夫，发挥科技和人才优势，努力打造发展新高地。要以资源环境承载力为硬约束，确定人口总量上限，划定生态红线和城市开发边界。对大气污染、交通拥堵等突出问题，要系统分析、综合施策。北京历史文化是中华文明源远流长的伟大见证，要更加精心保护好，凸显北京历史文化的整体价值，强化“首都风范、古都风韵、时代风貌”的城市特色。

伦敦、东京、首尔，提到这些大都市时，人们的第一反应往往是“大”，地理面积大，人口密度大，承载功能大。不过，虽然庞大，这些城市却不显得臃肿，关键在于，作为中心城市，它们拥有规划较为完备的“首都圈”，这些周边城市或地区，与中心城市形成“都市圈”，不仅疏散了中心城市的人口，缓解了交通压力，还与中心城市功能互补，有效缓解首都“肥大症”。作为一国之都，北京借鉴伦敦等城市的发展经验，北京有序疏解非首都功能，重点是疏解一般性产业特别是高消耗产业，区域性物流基地、区域性专业市场等部分第三产业，部分教育、医疗、培训机构等社会公共服务功能，部分行政性、事业性服务机构和企业总部等四类非首都功能。2015年7月11日闭幕的中共北京市委十一届七次全会表决通过了《中共北京市委北京市人民政府关于贯彻〈京津冀协同发展规划纲要〉的意见》。明确了北京2300万的人口控制目标，这是必须坚决守住的底线。要聚焦通州，深化方案论证，加快北京市行政副中心的规划建设，2017年取得明显成效。

【小贴士】

2014~2015年，北京将有序疏解北京非首都功能作为落实首都城市战略定位、解决“大城市病”、优化提升首都核心功能的先导和突破口，坚决有力地推进四类非首都功能重点领域调整疏解，取得了阶段性成果。

两年间累计退出污染企业718家（2014年392家、2015年326家）。2014年拆除中心城商品交易市场36个，升级改造34家。2015年调整疏解150家商品交易市场，其中，清退拆除市场80个，涉及营业面积56万平方米、摊位1.2万个；对70个市场进行转型升级，涉及营业面积54万平方米、摊位9000余个。北京城市学院5000余名学生、工商大学500余名学生、建筑大学1100名学生分别迁入顺义、良乡、大兴新校区。天坛医院迁建工程主体结构封顶；同仁医院亦庄院区二期加快推进。市行政副中心规划设计方案已经确定，行政办公区起步区开工建设。①

事实上，非首都功能疏解已经取得了一定成效。据中国社科院的一个问卷调查结果显示，超过六成的受访者认为京津冀协同发展有成效，近九成的受访者认可非首都功能疏解取得了积极进展，75%的受访者感受到了交通一体化带来的出行便利。北京老百姓在这一举措中获得的幸福感可概括为“三个得到”。第一个“得到”，是得到了大量的绿色空间。第二个“得到”，是得到更多的优质公共服务资源。第三个“得到”，是得到了更加便捷、安全的生活服务。

天津、河北：积极与北京对接

京津冀三地，原本就是一个区域共同体。北京、天津面积小，是典型的城市形态；河北面积大，是一个区域。城市的发展要有区域的支撑，区域的发展要靠城市的带动。京津及河北各个城市，可明确功能及分工，缩小发展差距。虽然在财政上，三口锅不能变成一口锅，但在米的分配上可以均衡化。北京肩负首都功能，着力突出政治、文化、国际交往的首都功能。天津发展高端产业，一般制造业则由河北发展。

京津冀协同发展战略部署第一次把河北全域纳入到国家战略来谋划、第一次把解决河北与京津的发展落差上升达国家层面来部署、第一次明确界定河北“三区一基地”的功能定位，第一次系统

① 首都之窗网站，http://zhengwu.beijing.gov.cn/gzdt/bmdt/t1424956.htm。

制定了支持河北发展的政策措施。2015年7月15日，中共河北省委八届十一次全会审议通过《中共河北省委、河北省人民政府关于贯彻落实〈京津冀协同发展规划纲要〉的实施意见》，并就做好当前和今后一个时期的协同发展工作作出部署。

交通、生态环保、产业三个重点领域率先突破取得明显进展，一批高速公路“断头路”、国省干道“瓶颈路段”正在打通或扩容，一批产业合作园区和项目建设取得实质性突破、区域环境污染联防联控进一步强化。同时，体制机制改革、常新驱动和重点领域区域试点示范工作稳步推进。三省市自觉加快打破自家“一亩三分地”思维定式，正朝着协同发展的目标迈进。

例如，目前，北京正在“瘦身健体”，服装批发市场正向河北等地转移，中关村科技企业正抢滩布局河北、天津。河北作为承接地，积极与北京对接。比如，作为“明星项目”之一的北京现代沧州工厂，按计划将于2016年10月实现量产，届时北京现代汽车的年产能将达135万辆。

北京和河北张家口正要联合举办2022年北京冬奥会，这正是加强京冀合作的契机，有望解决京张交通设施薄弱问题,冬奥会需要

建一些场馆，这有利于张家口休闲旅游产业的发展。此外，北京把第二机场的航空服务业、制造业、物流业等放在河北，对北京的交通、环境问题的缓解有好处。

2017年1月23日，习近平在河北省张家口市考察北京冬奥会筹办工作。他强调，筹办2022年北京冬奥会，是国家的一件大事。各有关地方有关部门要着眼于办成一届精彩、非凡、卓越的奥运盛会，科学合理制定规划，节约集约利用资源，按进度高质量完成筹办工作各项任务。他还指出，河北省、张家口市要抓住历史机遇，紧密结合实施“十三五”规划，紧密结合推进京津冀协同发展，通过筹办北京冬奥会带动各方面建设，努力交出冬奥会筹办和本地发展两份优异答卷。2月24日，他在北京考察时再一次强调，北京冬奥会是我国重要历史节点的重大标志性活动，是展现国家形象、促进国家发展、振奋民族精神的重要契机，对京津冀协同发展有着强有力的牵引作用。要全力做好每项筹办工作。

通过京津冀三地的加减运算，将会实现“1+1+1>3”，甚至是3的倍数的良好效果。

京津冀协同发展作为国家级战略，从《京津冀协同发展规划纲要》通过审议，到京津冀协同发展顶层设计细节的公布，在2015年取得了巨大的进展。2016年是“十三五”规划开局之年，是经济结构调整的关键一年，也是京津冀协同发展加快推进的重要一年，京津冀一体化迎来了新的发展空间。展望京津冀协同发展战略进展，以下重点内容已在规划之中。

【小贴士】

京津冀一体化下的生活变化小清单

1. 建设高效密集轨道交通网

2. 完善便捷通畅公路交通网

3. 打通国家高速公路“断头路”

4. 加快构建现代化的津冀港口群

5. 加快北京新机场建设

6. 京津冀重点城市公交“一卡通”互联互通

7. 联防联控环境污染，一体化的环境准入和退出机制

8. 实施清洁水行动

9. 环首都国家公园和森林公园

10. 三省市产业发展规划衔接

11. 制定京津冀产业指导目录

12. 京津冀国家级开发区共建跨区域合作园区或合作联盟

13. 中关村在天津和河北建设科技成果转化基地

14. 社会保障、医疗卫生等同城化

15. 要素市场（包括金融、土地、技术、信息等）一体化

16. 行政管理协同机制

17. 区域内统一的公共就业服务平台和劳务协作会商机制

18. 养老保险跨区域转移政策

19. 三省市考试招生制度改革

20. 北京新机场临空经济合作区

21. 北京严控2300万人口红线

22. 河北打造“微中心”

23. 北京将携手张家口举办冬奥会

……

展望“第三极”

2016年3月3日和3月5日，政协第十二届全国委员会第四次会议和第十二届全国人民代表大会第四次会议，分别在北京开幕。两会的主要议题之一就是审查和批准“十三五”规划纲要，京津冀协同发展也再次写入到了李克强总理的政府工作报告中。

到2020年全面建成小康社会，是党确定的“两个一百年”奋斗目标的第一个百年目标。2016~2020年的“十三五”规划，是本届中央领导集体主持编制并完整实施的一个五年规划，是中国跨越“中等收入陷阱”向更高发展阶段迈进的艰难跃升，将是迎来全面建成小康社会这“第一个百年目标”的最后冲刺。

“十三五”规划将影响的，绝不仅仅是中国。“过去两年，全球经济增长约30%来自中国”，作为全球第二大经济体，“十三五”规划还关乎着世界经济的走向，全球经济能否从扭转颓势而复苏向前，作为世界经济版图的变革者、全球经济治理的参与者、国际经济秩序的建设者，中国不仅正在逐渐适应自己的新角

色，更是以舍我其谁的使命感，着力打造更有活力的开放的经济体系，构建合作共赢的“命运共同体”，因而，作为中国经济转型升级的重要载体，“十三五”规划不仅要擘画未来中国经济地理版图，也将对完善世界经济地理版图产生重要影响。

面向世界、面向未来的中国，即将走进又一个发展周期。这承前启后的时间节点，承载着广大民众无数的期待。当前的改革发展进入深水区，在这经济社会发展转型的十字路口，未来中国将往何处去？京津冀协同发展又将迈向何处？

2015年4月以来，京津冀“十三五”规划启动编制，坚持“三地一盘棋”的指导思想，紧密结合三省市实际，把京津冀作为一个区域整体统筹规划。2016年2月，《“十三五”时期京津冀国民经济和社会发展规划》（以下简称《规划》）印发实施，这是全国第一个跨省市的区域“十三五”规划，是推动京津冀协同发展重大国家战略向纵深推进的重要指导性文件，明确了京津冀地区未来五年的发展目标，对于打破三省市“一亩三分地”思维定式，进一步增强发展整体性和协同性具有重要意义。

从三省市各自“一亩三分地”的思维定式，到“三地一盘棋”统筹规划。《规划》以《京津冀协同发展规划纲要》为基本遵循，把京津冀作为一个区域整体统筹规划，在城市群发展、产业转型升级、交通设施建设、社会民生改善等方面一体化布局，努力形成京津冀目标同向、措施一体、优势互补、互利共赢的发展新格局。

《规划》以创新、协调、绿色、开放、共享的发展理念为统领，探索形成引领经济发展新常态的体制机制和发展方式，并提出各个领域的具体发展目标：到2020年，京津冀地区整体实力将进一步提升，经济保持中高速增长，结构调整取得重要进展；协同发展取得阶段性成效，首都“大城市病”问题得到缓解，区域一体化交通网络基本形成，公共服务共建共享取得积极成效，制约协同发展和要素流动的体制机制障碍得到破解；生态环境质量明显改善，生产方式和生活方式绿色、低碳水平上升；人民生活水平和质量普遍提高，城乡居民收入较快增长，就业、教育、文化、社保、医疗、住房等公共服务体系更加健全，基本公共服务均等化水平逐步提高。

根据《规划》，“十三五”时期京津冀地区将打造国际一流航空枢纽，构建世界级现代港口群，加快建设环首都公园，打赢河北脱贫攻坚战，建立健全区域安全联防联控体系，全面提高首都服务国际交往的软硬件水平，加强与长江经济带的联动。

据了解，北京市、天津市、河北省以《规划》为指导，审议通过了各自的“十三五”国民经济和社会发展规划纲要。《规划》以《京津冀协同发展规划纲要》为基本遵循，把京津冀作为一个区域整体统筹规划，在城市群发展、产业转型升级、交通设施建设、社会民生改善等方面一体化布局，努力形成京津冀目标同向、措施一体、优势互补、互利共赢的发展新格局。同时，《规划》将《京津冀协同发展规划纲要》内容实化细化，增强可操作性，并对整体内容作进一步拓展，统筹谋划未来五年京津冀地区经济发展、社会民生、改革开放等重点领域发展任务。

注重规划间的协调对接是编制的一大原则。京津冀“十三五”规划既注重了与国家“十三五”规划的衔接，又加强了与有关区域规划、专项规划的衔接，更紧密结合京津冀三省市的实际。

【小贴士】

京津冀“十三五”一览

空间布局：“一核、双城、三轴、四区、多节点”

“一核”即指北京。把有序疏解北京非首都功能、优化提升首都核心功能、解决北京“大城市病”问题作为京津冀协同发展的首要任务。

“双城”是指北京、天津，这是京津冀协同发展的主要引擎，要进一步强化京津联动，全方位拓展合作广度和深度，加快实现同城化发展，共同发挥高端引领和辐射带动作用。

“三轴”指的是京津、京保石、京唐秦三个产业发展带和城镇聚集轴，这是支撑京津冀协同发展的主体框架。

“四区”分别是中部核心功能区、东部滨海发展区、南部功能拓展区和西北部生态涵养区，每个功能区都有明确的空间范围和发展重点。

“多节点”包括石家庄、唐山、保定、邯郸等区域性中心城市和张家口、承德、廊坊、秦皇岛、沧州、邢台、衡水等节点城市，重点是提高其城市综合承载能力和服务能力，有序推动产业和人口聚集。

整体定位：

以首都为核心的城市群、区域整体协同发展改革区、全国创新驱动经济增长新引擎、生态修复环境改善示范区。

北京：全国政治中心、文化中心、国际交往中心、科技创新中心，即政治、文化、国际交往、科技创新四中心。

天津：全国先进制造研发基地、北方国际航运核心区、金融创新运营示范区、改革开放先行区。

河北：全国现代商贸物流重要基地、产业转型升级试验区、新型城镇化与城乡统筹示范区、京津冀生态环境支撑区。

发展目标：

近期到2017年，有序疏解北京非首都功能取得明显进展，在符合协同发展目标且现实急需、具备条件、取得共识的交通一体化、生态环境保护、产业升级转移等重点领域率先取得突破，深化改革、创新驱动、试点示范有序推进，协同发展取得显著成效。

中期到2020年，北京市常住人口控制在2300万人以内，北京“大城市病”等突出问题得到缓解；区域一体化交通网络基本形成，生态环境质量得到有效改善，产业联动发展取得重大进展。公共服务共建共享取得积极成效，协同发展机制有效运转，区域内发展差距趋于缩小，初步形成京津冀协同发展、互利共赢新局面。

远期到2030年，首都核心功能更加优化，京津冀区域一体化格局基本形成，区域经济结构更加合理，生态环境质量总体良好，公共服务水平趋于均衡，成为具有较强国际竞争力和影响力的重要区域，在引领和支撑全国经济社会发展中发挥更大作用。

九大任务：

创新发展，将京津冀地区打造成全国创新驱动经济增长新引擎。

转型升级，构建现代产业发展体系。

互联互通，加快重大基础设施建设。

绿色发展，建设生态修复环境改善示范区。

共享发展，推动协同发展成果惠及广大群众。

推动传承创新，促进文化事业大发展大繁荣。

依法行政，加强和创新社会管理。

开放发展，培育区域开放合作竞争新优势。
深化改革，打造区域整体协同发展改革引领区。

一个时期、一个阶段，国家的经济发展都要有引擎，都要有火车头来拉动全国经济的发展。深圳、广州的发展，带动了整个“珠三角”的繁荣；上海浦东开发，带动了整个“长三角”的后来居上。由于京津冀地区的特殊政治地缘因素，以京津冀一体化为标志的“环渤海经济区”的开发，必将带动华北地区以至于整个中国的经济转型和发展。据财政部当时的测算，实现京津冀一体化，未来6年需要投入42万亿元，平均每年7万亿。这必将极大地改变目前京津冀三省市的产业格局，对于交通、房地产、建材、环保等行业都会带来确定性的投资机会。相对落后的河北、天津两地，无疑将有巨大的发展空间。

随着“十三五”蓝图的逐渐展开，这个国家、每个人的未来将翻开新的篇章。阡陌交通，天涯比邻。纵横捭阖之间，尽显博大胸怀。未来京津冀地区，将出现全世界最大的城市群。“一带一路”、京津冀协同发展、长江经济带三大战略相互衔接、互为支撑，三者虽有不同的战略指向，却存在相互关联的内在逻辑，肩负着寻找中国经济新动力的共同使命。长三角、珠三角已经成为中国经济的两个重要增长极，京津冀协同发展将打造第三增长极。京津冀协同发展，就是未来中国国内投资的主战场，将成为中国经济新的引擎和火车头。

第四章　群城记

有一句来自非洲的格言，广为流传。“如果你想走得快，一个人走；如果你想走得远，一群人走。”对于人来说是这样，对于城市发展而言，也是一样。人们把相对独立的城市群落集合体，称为“城市群”。这是城市发展到成熟阶段的最高空间组织形式。一般而言，是指在特定地域范围内，以一个以上特大城市为核心，由多个城市为构成单元，依托发达的交通通信等基础设施网络而形成的多核心、多层次城市群体。由于城市群的成员在空间组织紧凑、经济联系紧密，往往呈现出高度同城化的特征。在一定意义上，

他们就是走向远方的一群人。在行进的过程中，他们需要互相扶助，也需要互相砥砺，在资源互补中实现各城市自身以及整个区域的良性发展。京津冀就是这样一个城市群。在这个群体中，有的成员一度走得很快，但很快就发现举步维艰。现在，在京津冀协同发展的战略图纸指引下，他们携起手来，一群人一同前进，一个都不能少！本章围绕这一主题展开论述，考虑到这一战略的落实日新月异，本章重点从区域发展、城市发展、产业转移、环境治理、惠民举措等五个方面对京津冀协同发展的具体政策进行介绍。

“虚线”带来“实惠”——区域发展新突破

2015年2月，有一则消息引起广泛关注。北京、河北的医疗机构及相关卫生行政部门签署了医疗卫生协同发展框架协议，为推动

京津冀协同发展，打破医疗卫生资源的行政区划限制作出进一步探索，这也是京津冀协同发展战略的一项重要内容。

在国家层面，国家卫计委在《全国医疗卫生服务体系规划纲要（2015~2020年）》中明确提出，在京津冀、长三角、珠三角等具备一体化发展条件的地区，跨区域统筹设置医疗卫生机构。按照这个协同发展框架协议，北京将支持河北张家口地区3~4所基础较好的医院，每所医院2~3个专科，利用3~5年的技术支持达到当地领先水平，形成张家口地区的医疗中心。2017年1月5日，京冀两地签署医保直接结算服务协议，燕达医院开通全国首家异地结算系统，北京与河北在全国率先实现异地就医直接结算。实际上，随着协同发展战略的逐步推进，京津冀医疗资源布局悄然调整，占据优势医疗资源的北京不但采取推动有条件的医疗机构向北京周边地区发展，而且在突发事件卫生应急、疾病预防控制、采供血协同发展等方面也探索多途径、多形式、多层次合作模式。

2016年2月，又有一则消息，或许引起普通百姓关注不多，但同样重要。这就是最高人民法院向社会公布了《最高人民法院关于为京津冀协同发展提供司法服务和保障的意见》，提出要建立京津冀三地法院联席会议机制，推动三地各级法院执行系统的纵向贯通，执行联动单位的横向联网，实现三地执行指挥中心和财产网络查控系统有效对接和三地法院执行办案的“同城效应”。三地法院联席会议由最高人民法院召集，京津冀三地法院参加。联席会议下设工作机构，负责三地法院日常沟通、协调、会商等工作，以“协同司法”保障“协同发展”。同时，结合京津冀三地法院自身审判特点，对专业性较强的案件实行由特定法院集中管辖，充分发挥三地审判优势资源，推动专业化审判，提高审判质量，统一裁判标准。

这两个例子的共同点是通过创新机制和手段，突破了三地行政区划造成的壁垒。其实，类似的例子还有不少。但从这两个例子，已经可以看到，破除行政区划带来的壁垒，或者说，通过一系列协同机制，把行政区划的“实线”变为“虚线”，是把京津冀协同发展战略真正落到实处的第一要务。

我们知道，行政区划是国家为进行分级管理，而实行的国土和政治、行政权力的划分。行政区划是分层级的，体现了中央与地方关系模式。行政区划设置具有历史和文化承袭性。文化相融是行政区划改革的内在要求。任何一个国家或地区行政区划体制的创设、发展，均深深烙上本国或本地区文化的印记。我国现行行政区划是在长期历史发展进程中形成的。随着我国市场经济特别是区域经济和新型城镇化的发展，尤其是在推动不同地区协同发展的过程中，行政区划优化也成为一个重点内容。党的十八大报告就明确提出要“优化行政层级和行政区划设置”。

当然，行政区划改革涉及政治、经济、行政、社会、文化、历史、地理、民族等多个领域，是一项十分复杂而敏感的系统工程。从历史上看，行政区划的划定，远非在地图上划几道线那么简单。以我国的省级界线而言，主要有两种情况，一部分是符合自然地理区域界线的，如太行山分隔河北、山西，武夷山分隔福建、江西，南岭山脉正好是广东、广西同福建、江西、湖南的界线。但也有一些不是这样。比如，秦岭南部的汉中盆地不属于地理更接近的四川，而属于陕西。江苏、安徽不仅跨长江南北，而且包括淮河流域；太湖流域又分属江苏、浙江；河南有一部分在黄河之北。也就是说，行政区域的划分不仅仅决定于自然因素，还受到政治、经济、文化等各种因素制约，而政治因素往往起到决定作用。比如，秦岭曾长期是行政区的界线。秦朝时，秦岭以北为内史（首都所在地），以南则是汉中郡。秦汉以后相当长时期，这条界线没有改变。但到了元朝，将设在汉中盆地的“兴元路”划归陕西行省，使汉中盆地和关中盆地处于同一行政区之中，这主要是出于军事和政治上的考虑。因为在金元对峙时期，秦岭和四川盆地是宋军的战略要地，将秦岭以南的汉中划归陕西，四川就失去了北方的天然屏障，不易形成完整的割据区，有利于中央政权的控制。[1]本书第一章中，曾对京津冀地区的历史作了回顾和梳理，从中也可以看出京津冀三地区划之历史和文化基础。北京、天津、河北本源出一脉。河北（直隶）的省会就在正定、保定、天津、北平、石家庄这五个城市之间来回变动11次之多。而三地之间的分界线也在历史上多次变迁。1958年3月，河北的通县、顺义、大兴、良乡、房山5个县及通州市划归北京。4月，通州专区撤销，所属密云、怀柔划归承德专区，10月，密云和怀柔又和平谷、延庆一起，划给了北京。也就是说，1958年，北京从河北划走了9县1市。1958年2月，天津改为地级市，被划归河北，1967年1月，又恢复为直辖市；1973年，天津从河北划走了蓟县、宝坻、武清、静海、宁河五县。

2015年11月，国务院下发《关于同意北京市调整部分行政区划的批复》，同意撤销密云县、延庆县，设立密云区、延庆区，并明确两区人民政府驻地的具体位置。2015年8月，根据《国务院关于同意天津市调整部分行政区划的批复》，天津市委、市政府决定，撤销静海县、宁河县，设立静海区、宁河区，原行政区域不变。静海、宁河撤县设区后，蓟县成为天津市唯一的县。2016年8月，根据《国务院关于同意天津市调整部分行政区划的批复》，天津市委、市政府决定，撤销蓟县，设立蓟州区，原行政区域和政府所在地不变。至此，北京、天津市县级行政建制成为历史，全部实现城区化管理，城市发展进入新阶段。

比起北京、天津而言，河北的地域更加广阔，步子也迈得更大。

2014年9月，国务院批复了河北省人民政府关于石家庄市部分行政区划调整的请示，同意撤销石家庄市桥东区，部分街道划归石家庄市长安区，部分街道划归石家庄市桥西区；撤销县级藁城市、县级鹿泉

① 葛剑雄：《我国部分省界形成的历史——政治因素举例》，收入《我们应有的反思：葛剑雄编年自选集》，中信出版社，2015年，第110页。

市和栾城县，同时分别设立石家庄市藁城区、鹿泉区和栾城区。调整之后，石家庄下辖8个市辖区，市区面积扩大近4倍，市区人口增长近六成。这一调整，有利于石家庄在京津冀协调发展中实现更大作为。区划调整后，可以在更大范围内统筹安排生产力布局和基础设施建设，有利于聚集更多的优质产业，特别是有利于更多地吸引和承接京津产业转移，真正使石家庄成为京津冀重要的中心城市。

2015年5月，经国务院批准，民政部同意将河北省保定市新市区更名为竞秀区；国务院同意撤销保定市北市区和南市区，设立莲池区；撤销保定市满城县、清苑县、徐水县，设立满城区、清苑区、徐水区。保定地处河北中部，与北京接壤，素有“首都南大门”之称。保定市政府2015年的工作报告中，提出要推动“大保定”建设，进行行政区划调整，做大城市发展空间。此次调整的新市区、北市区、南市区均位于保定市中心城区，而满城县、清苑县、徐水县则分别为保定中心城区“西扩、南联、北延”距离最近的县。完成华丽“变身”的保定市区面积扩大了8倍多，市区人口翻了一番。

2015年8月，秦皇岛部分行政区划调整被批准，撤销秦皇岛市抚宁县，设立秦皇岛市抚宁区；将原抚宁县的石门寨镇、驻操营镇、杜庄镇划归秦皇岛市海港区管辖；将原抚宁县的牛头崖镇划归秦皇岛市北戴河区管辖。区划调整后，秦皇岛市由原3区4县变为现在的4区3县，秦皇岛市区面积扩大了近3倍，跃居全省第五；市区人口超百万。

2016年1月，张家口市部分行政区划调整也获国务院批复，同意撤销宣化县、宣化区，设立新的宣化区，以原宣化县、宣化区的行政区域为新的宣化区的行政区域，政府驻地在原宣化区人民政府驻地；撤销万全县、崇礼县，设立万全区、崇礼区，管辖范围和政府驻地不变。调整后，张家口市主城区面积由868.96平方公里扩大到6377.81平方公里，市区面积从全省第七跃居全省第一；人口由111.37万人增加到175.42万人，跃居全省第四。

2016年7月，国务院批复撤销县级冀州市，设立衡水市冀州区。此次调整，扩大了衡水市城市发展空间，优化了资源配置和城市发展格局，对推进京津冀协同发展，打造冀中南功能拓展区，全面提升城市核心竞争力和辐射力具有重要意义。

从地理上看，这些调整尚局限于一省之内，但它的影响却是深远的。首先，撤县设区，是城市化的一种标志，而且会对区域内的百姓生活产生重要影响。以北京为例，很多郊县变为区后，基础设施建设发展变快了。就拿咱们上下班都离不开的地铁来说吧，1997年通县改为通州区，2003年八通线通车，通州成为最早通地铁的郊区县；1999年昌平“撤县设区”，2007年地铁13号线通至昌平回龙观、霍营；县改成区之后，中心大城市享有的一些公共服务也能延伸到郊县。其次，区域内的影响，也必将扩散到整个京津冀地区。比如，宁河县在京津冀协同发展的大潮中成为投资“洼地”。宁河县在京津冀协同发展战略中有着良好的区位优势，与滨海新区核心区、空港、海港和唐山市构成“半小时经济圈”，一小时内能够直达北京市区。而地处天津西南部的静海县是国务院批准的沿海开放县之一，正瞄着京津冀都市圈中的现代化中等卫星城市。

“错位”方能“正位”——城市发展新思路

前面我们提到过，城市发展是一门科学，有其自己的规律，不依规律而行，城市就如同杂草般疯长，依照规律而行，城市使生活更美好这句话才能真正实现。错位发展，就是城市发展的规律之一。

2008年4月，联合国工业发展组织曾在南宁举办了“2008年全球投资促进高峰论坛”29个国家和地区近400名官员、学者齐聚一堂，围绕“城市经济圈建设与外商直接投资”中心议题展开交流和探讨，这也是首次系统讨论城市经济圈发展问题的国际高峰论坛。会上，许多专家就提出了城市错位发展的问题。

美国科默斯城市长保罗·塔纳说，他到过中国北京、上海等城市，这些城市给他的感觉都非常相似，无论是高楼大厦还是产业选择，过于雷同往往是这些城市建设规划通病。实际上，这些城市应该有不同的特色，城市发展应该建立在特有的自然资源、发展条件和文化背景的基础上，一个城市不会具备所有资源，但总有和别人不一样的地方，这个不一样的地方，就是他们最吸引人之处，是他们发展的优势。

美国气体化工产品亚洲有限公司业务发展总监戴约翰则提出，一个城市当然不应该什么都发展，不应该放弃自己的特点，在区域发展中，这关系到布局的问题。单个城市在发展中往往会碍于眼前暂时利益，对外来投资建设的项目“照单全收”。为避免城市之间的恶性竞争，区域经济圈的规划者更应该做好协调工作，这本身也是对政府的一个考验。

新加坡政府直接投资公司高级副总裁郑春昌说，每个地方都有自己突出的资源，应该好好利用这些资源来做规划。在当前激烈的城市竞争环境下，单纯依靠成本竞争早已不足以支撑一个城市的长期发展，只有发挥特色资源和优势才是持续发展的关键，一个城市最独特、最核心的资源也是最吸引投资者的地方，要不投资者为什么不到别的地方投资呢?

同的基础是异，差异才能互补，协同的前提是错位，这是城市发展也是区域发展的辩证法。在长江三角洲的崛起之路上，错位发展就是重要因素之一。如今，推动京津冀协同发展，同样要坚持错位的城市发展思路，通过主动错位来找准定位。京津冀地区地缘相接、人缘相亲，地域一体、文化一脉，是全国主要的高新技术和重工业基地，也是我国政治、文化、国际交往中心和重要的科技创新中心所在地。但一直以来，京津冀多种产业同质化比较严重，尤其是工业与制造业企业，在京郊、天津和河北都广泛分布，缺乏有效协调。特别是京津和津冀间优势产业重合度较高，存在严重的产业趋同的竞争倾向。

警惕和纠正同质化的倾向，是京津冀协同发展之路上，被反复提及的问题。比如，北京发展了大量汽车产业，天津也搞汽车产业，而河北钢铁产量过剩，却缺少终端产业。北京有石化，天津和河北都搞石化，不仅产业同质化，也对区域大气环境带来很大危害。

因此，京津冀三地规划应与区域总体规划衔接，克服同质化，避免无序竞争。应按照产业转移自身的规律，引导产业向适合它发展的地方转移。北京科研、人才优势突出，天津产业、实体经济和加工制造、航运、金融服务有优势，河北省土地资源突出。

针对未来可能进行的产业转移，各个城市和区域必须考虑到产业之间的衔接问题、配套问题和错位发展问题，走特色发展之路，形成自己的比较优势。

可见，实现京津冀的协同发展，推动这一国家战略实施，必须在功能定位、产业分工、物流交通上统筹布局、错位发展，在财政、投资、项目安排等方面统一规划、统一政策。实际上，作为京津冀协同发展顶层设计的《京津冀协同发展规划纲要》，已经充分体现了错位发展的理念。北京市为“全国政治中心、文化中心、国际交往中心、科技创新中心”；天津市为“全国先进制造研发基地、北方国际航运核心区、金融创新运营示范区、改革开放先行区”；河北省为“全国现代商贸物流重要基地、产业转型升级试验区、新型城镇化与城乡统筹示范区、京津冀生态环境支撑区”。

这个定位体现了三省市“一盘棋”的思想，突出了功能互补、错位发展、相辅相成；三省市定位服从和服务于区域整体定位，增强整体性，符合京津冀协同发展的战略需要，有利于充分发挥各自比较优势，调整优化区域生产力布局，加快推动错位发展与融合发展，创新合作模式与利益分享机制，在有序疏解北京非首都功能的进程中实现区域良性互动，促进三省市协同发展、协调发展、共同发展。综合起来，京津冀整体定位是“以首都为核心的世界级城市群、区域整体协同发展改革引领区、全国创新驱动经济增长新引擎、生态修复环境改善示范区”。在此基础上，才有了“一核、双城、三轴、四区、多节点”的空间错位布局。

“拉近”反而“远行”——产业转移新空间

产业转移与协同发展，是京津冀协同发展战略的重要基础。为全面推进京津冀产业协同发展，充分发挥三地比较优势，引导产业有序转移和承接，形成空间布局合理、产业链有机衔接、各类生产要素优化配置的发展格局，工业和信息化部会同北京市、天津市、河北省人民政府共同制定了《京津冀产业转移指南》，提出不断调整优化区域产业布局，构建“一个中心、五区五带五链、若干特色基地”（简称“1555N”）的产业发展格局。

【小贴士】

京津冀产业发展格局（4+N）

1. 以“五区”为突破建设重要引擎：以北京中关村、天津滨海新区、唐山曹妃甸区、沧州沿海地区、张承（张家口、承德）地区为依托，强化政策支持与引导，实现率先突破，建成京津冀产业升级转移的重要引擎。

2. 以“五带”为支撑优化区域布局：京津走廊高新技术及生产性服务业产业带。涵盖北京、廊坊、天津为轴线的区域。利用北京技术优势和天津、廊坊等地的制造能力，承担京津冀地区科技成果产业化功能，重点发展高新技术产业、生产性服务业和高端装备制造业。

沿海临港产业带。主要包括秦皇岛、唐山、天津、沧州沿海地区。利用港口优势和制造业基础，重点发展滨海产业、先进制造业和生产性服务业，推进炼化一体化等重大项目建设，形成与生态保护相协调的滨海型产业带。

沿京广线先进制造业产业带。以保定、石家庄、邢台、邯郸等中心城市为节点，利用本地区土地、劳动力等要素资源优势，改造提升传统产业，培育壮大战略性新兴产业，重点发展电子信息、新能源、生物医药、装备制造、新材料等产业。

沿京九线特色轻纺产业带。涵盖衡水、邢台东部、邯郸东部、沧州西部地区。着力发挥本地区交通、土地、劳动力、农产品资源等优势，承担农副产品和轻工业用品供给功能，重点发展农副产品深加工、现代轻工业等。

沿张承线绿色生态产业带。包括北京、天津山区和张家口、承德山区地区。以支撑京津冀地区生态保障为导向，重点发展绿色低碳产业，建设绿色生态农业、农副产品加工业、生物医药产业基地。

3. 以“五链”为特色形成区域优势：发挥京津冀现有产业基础与优势，引导汽车、新能源装备、智能终端、大数据和现代农业五大产业链合理布局，协同发展。

发展若干（N个）特色产业基地

以点状经济作为带状经济的重要补充，依托现有特色和优势，积极发展特色产业集群。鼓励通过产学研用合作，强化集群的创新力；通过完善综合服务平台，夯实集群的凝聚力；通过兼并重组，增强龙头企业的带动力；通过区域品牌建设，提升集群的竞争力。围绕节能环保、医药、家具、食品、皮革等行业，形成区域品牌，建设具有全国影响力的行业技术创新中心、产品展示中心、信息集散中心。

突破区划壁垒，明确错位发展，为产业转移开拓了新的广阔空间。让我们先看几组数据。市统计局、国家统计局北京调查总队发布数据显示，经初步核算，2015年，京津冀三地地区生产总值（GDP）合计69312.9亿元，占全国的10.2%。京津冀三地的产业版图正在加速重构，产业高端化特征日益显著。据统计，京津冀三地三次产业构成由2014年的5.7∶41.1∶53.2，调整为5.5∶38.4∶56.1。其中，京津冀三地第三产业增加值占地区生产总值的比重都有不同幅度的提高，分别达到79.8%、52.2%和40.2%。北京高技术制造业增加值同比增长6.7%，增速高于全市规模以上工业5.7个百分点；金融、科技、信息等行业保持较快增长，增速分别为18.1%、14.1%和12%，分别高于服务业平均增速10个、6个和3.9个百分点。2015年，天津优势产业增加值占全市工业的87.9%，拉动全市工业增长8.2个百分点。河北高新技术产业、装备制造业保持较快增长，2015年分别增长11.6%和7%。

两年来，北京科技成果加速向津冀辐射，北京产业也加快了向津冀转移的步伐。一方面，北京加快推进不符合首都功能定位产业的退出，2015年全年关停退出污染企业326户，拆并疏解商品交易市场57家。另一方面，天津、河北积极引进项目和资金。天津全年承接非首都功能项目860个，引进京冀投资1739.3亿元，增长16.5%，占全市实际利用内资的43%。河北2015年1月至10月引进京津项目达3621个，资金2748亿元，分别占全省的39.6%和47.3%。未来科技城京津合作示范区、北京（曹妃甸）现代产业发展试验区、津冀循环经济产业示范区等一批产业园区的建设也将加快推进。以曹妃甸为例，拿出了100平方公里的土地招商引资，吸引了北京保利通信北斗二代CAPS系统研发和生产基地、北京城建重工新能源整车生产等项目。备受关注的首钢京唐二期项目正加快建设。到2017年，曹妃甸累计引进北京产业转移项目将达300个。[①]还有一组数据显示，2015年1~9月，河北省从京津引进项目3330个，资金2397.5亿元，分别占全省的39.6%和47.8%。[②]

我们再看看不同领域的具体情况。

农业

2016年7月18日，国家发展改革委发布，农业部、商务部等六部门联合印发《京津冀农产品流通体系创新行动方案》（以下简称《方案》），推动京津冀地区深化农产品产供销区域合作和流通创新。根据《方案》，三地将以加强京津冀农产品流通的统筹协调、鼓励支持企业开展流通创新探索、加快农产品批发市场转型升级、大力发展全程冷链、探索建设京津冀农产品公共信息平台、开展农产品流通国际合作等6个方面工作为重点，着力推动京津冀地区深化农产品产供销区域合作和流通创新，是贯彻落实京津冀协同发展战

① 首都之窗网站，http://zhengwu.beijing.gov.cn/tjxx/tjsj/t1430599.htm。

② 首都之窗网站，http://www.beijing.gov.cn/tzbj/tzxx/tzdx/t1411722.htm。

略的一项重要任务。我国农产品流通存在着市场分割、模式落后、成本高、效率低等问题，在创新要素密集的京津冀地区组织开展以鲜活农产品为主的农产品流通创新行动，有利于发挥京津大都市消费的引领作用，带动河北等周边地区农业结构调整和农民持续增收，为全国农产品流通体系创新提供示范借鉴。此举将有利于提高农产品流通效率和服务质量，降低流通成本，减少产后损失，保障市场供应和食品安全；有利于推动三地农产品产供销一体化，拓展深化区域合作，为京津冀协同发展注入新活力。[①]

工业

2015年4月11日，在北京市科委的支持和引导下，京津冀三地科技部门推动成立了京津冀钢铁行业节能减排产业技术创新联盟，首批成员包括北京科技大学、中国钢研科技集团、河北钢铁集团等69家企事业单位。京津冀钢铁联盟成立后，依托优势单位，推动建立区域协同创新共同体；发挥科技金融杠杆作用，搭建金融创新服务平台；加强京津冀协调，研发和推广应用先进适用技术产品，推动

① 首都之窗网站，http://www.beijing.gov.cn/ggfw/nm/ncxxfw/t1441720.htm。

区域节能减排示范工程建设。2015年8月28日，京津冀钢铁联盟与北京市科委、迁安市政府共同签订《战略合作框架协议》，共同实施迁安钢铁行业节能减排与产业转型升级产业化工程，推动首都科技成果在迁安转化落地，共同把迁安建设成钢铁行业节能减排科技示范区。

2016年4月12日，京津冀钢铁科技协同创新与绿色发展座谈会暨京津冀钢铁行业节能减排产业技术创新联盟（简称京津冀钢铁联盟）与河北省迁安市对接科技成果签约仪式在北京科技大学举行。科技成果对接合作项目签约是京津冀三方推动的联盟前期工作成果的良好见证，同时也是一个新开端。北京市科委将积极组织协调北京市科技人才、技术成果、科技平台等资源，与各方共同支持两个研究院建设及节能减排科技示范区工作，推动区域内节能减排、迁安市产业转型以及京津冀的协同创新发展。[①]

信息

北京市、天津市、河北省信息化主管部门在京签署《京津冀信息化协同发展合作协议》。协议提出，三地要共推5G网络在北京和张家

① 首都之窗网站，http://zhengwu.beijing.gov.cn/zwzt/jjjyth/zljj/t1431976.htm。

口赛区先行启动建设，统筹首都新机场、冬奥会赛事举办场所等重点区域的信息基础设施规划和建设，实现智慧化的管理与服务。“要建立三地信息化工作长效合作机制，形成政策互融、标准统一、网络互通、资源共享、管理互动、服务协同的发展格局，共同将京津冀打造成区域信息化协同发展的示范区。”此次合作涉及推进信息化顶层设计协调发展、信息基础设施共建共享、信息数据共享利用、产业协同创新发展、区域服务管理协作、信息消费环境保障、信息网络安全防护以及冬奥信息服务保障协作等八方面内容。协议提出，要探索建立三地政务数据共享目录和支撑平台，推进区域政务信息共享，推动数据开放对接，推动联合共建京津冀大数据综合试验区。

京津冀三地有关管理部门和企业机构还签署了4个细项合作协议。一是工业云共建合作协议，推进建设标准统一、互联互通的工业云，发展互联网协同制造，推动产业转型升级；二是政务信息资源共享和利用协议，促进政务数据共享和开发，为信息系统业务协同奠定基础；三是电子证书结果共享和互认协议；四是北斗导航应用服务合作协议，共同开展北斗卫星区域示范应用，推动北斗导航产业发展。[①]

① 首都之窗网站，http://zhengwu.beijing.gov.cn/zwzt/jjjyth/zxxx/t1433256.htm。

金融

2015年9月，北京市工商联联手天津、河北工商联以及相关金融机构、产业园区，共同签署了《京津冀协同发展金融服务战略合作框架协议》。根据协议，首都疏解企业将获得更多高效、便捷的金融服务，相关金融机构也将根据创新创业企业的投融资需求，设计知识产权质押、应收账款质押、信用保险保单增信等有针对性的产品，为中小微企业提供更多实用的融资方式。签约现场，北京银行、北京投融资商会、北京股权交易中心等金融机构，详细介绍了符合首都“高、精、尖”特色的创新金融服务模式。天津市和河北省唐山、保定、承德、廊坊等地的招商部门和产业园区也作了专题宣讲，为首都企业拓展京外发展空间、扩大融资渠道指明了方向。[1]京津冀三地金融工作部门还酝酿在三地交界处共设“金融试验区”，尝试通过金融改革与创新助推三地实体经济发展。按目前政

① 首都之窗网站，http://zhengwu.beijing.gov.cn/gzdt/bmdt/t1402910.htm。

策，如果一条路穿过京津冀三个地区，就要在三个地区分别找一家银行贷款；又比如小额贷款公司，在哪个地区设立就只能在哪个地区放贷经营，而如果设立试验区，就有可能根据金融机构和企业发展的需求，探索一些改革创新措施。①

旅游

2016年7月，京津冀旅游协同发展第六次工作会议召开，京津冀三地17个县（市、区）公布了《京津冀旅游协同发展示范区合作宣言》（以下简称《宣言》）。根据《宣言》，平谷、宝坻、蓟县、兴隆、遵化、三河将共建京东休闲旅游示范区。密云、延庆、承德、张家口共建京北生态（冰雪）旅游圈，其中延庆、张家口共建京张体育文化旅游带。房山、保定将共建京西南生态旅游带，其中包含京西百渡休闲度假区。武清、廊坊将共建京南休闲购物旅游区，滨海新区、唐山、沧州将共建滨海休闲旅游带。建立旅游示范区后，同一示范区的成员将共同开发整体的旅游线路，由单一景区、景点拓展到旅游线路，再拓展成旅游带、旅游圈，让示范区作为一个整体的旅游目的地出现。在旅游推广和旅游公共服务上，也会加强合作，比如共同推介旅游产品、开通旅游直通车、设计统一的旅游地图等。“京东旅游圈”是京津冀旅游业协同发展的一个例子。“京东旅游圈”首先整合周边包括河北、天津的优质旅游资源，根据不同特色遴选出精品旅游线路。联合体将会推出旅游通票，涵盖北京平谷区，河北兴隆、遵化，天津蓟州区四地众多旅游景点。游客在任何一地购买旅游通票，将可在四地通行。“京东旅游圈”完善后，还将进一步发挥辐射带动效应。

① 首都之窗网站，http://zhengwu.beijing.gov.cn/gzdt/bmdt/t1354444.htm。

“减排”只为“增福”——环境治理新方案

在京津冀协同发展中，最吸引眼球的，可能就是环境治理了。

2015年12月30日，国家发改委、环境保护部发布《京津冀协同发展生态环境保护规划》（以下简称《规划》），首次规定了京津冀地区生态环保红线，并规定了环境质量底线和资源消耗上线。《规划》提出，京津冀地区是中国水资源最短缺，大气污染、水污染最严重，资源环境与发展矛盾最为尖锐的地区。除大气污染严重外，京津冀煤炭占一次能源消费比例高。2014年，京津冀地区能源消费总量占全国的11.3%，煤炭消费量占能源消费总量的71.6%，高于全国平均水平5个百分点，其中河北省高达88.6%。这些问题是当前及未来京津冀协同发展面临的最大挑战。

【小贴士】

《规划》指出，到2017年，京津冀区域力争超额完成国家确定的大气、水、土壤防治目标；到2020年，区域城乡环境基础设施体系基本完善，主要污染物排放总量大幅削减，PM2.5浓度比2013年下降40%左右，丧失使用功能的水体断面比例下降16个百分点，基本实现地下水采补平衡等。

具体来说，在空气质量方面，到2017年，京津冀地区PM2.5年均浓度应控制在73微克/立方米左右。到2020年，京津冀地区PM2.5年均浓度控制在64微克/立方米左右；在水环境质量方面，到2020年，京津冀地区地级及以上城市集中式饮用水水源水质全部达到或优于Ⅲ类，重要江河湖泊水功能区达标率达到73%；在资源消耗上限方面，2015年～2020年，京津冀地区能源消费总量增长速度显著低于全国平均增速，其中煤炭消费总量继续实现负增长。到2020年，京津冀地区用水总量控制在296亿立方米，地下水超采退减率达到75%以上。

《规划》还要求，加强环境保护制度创新，如提出要建立跨区域的排污权交易市场，进一步深化资源型产品价格和税费改革。结合当前改革形势，建立健全多元化投资机制，积极推行环境污染第三方治理等。在生态保护方面，《规划》将京津冀分为京津保地区、坝上草原生态防护区、燕山—太行山水源涵养区、低平原生态修复区、沿海生态防护区5个区域，并按照不同区域特色提出了具体的治理措施。

2015年11月27日，京津冀三省（市）环保部门在京召开首次“京津冀环境执法与环境应急联动工作机制联席会议”，正式启动了“京津冀环境执法联动工作机制”。推动京津冀协同发展是一项重大国家战略，也是三地当前及今后一段时间工作的重中之重，生态环境保护是实现协同发展需率先突破的三个重点领域之一。

【小贴士】

北京市环境保护局、天津市环境保护局和河北省环境保护厅三部门协商建立了“联动工作机制”。京津冀三省（市）共同成立京津冀环境执法联动工作领导小组，下设办公室，由领导小组统一组织开展三省（市）环境执法联动工作，形成有部署、有行动、有标准，相互支持、共同配合的环境监察执法有利局面。

“联动工作机制”建立了5项工作制度：一是定期会商制度。领导小组每半年会商研究一次，领导小组办公室每季度会商一次，季度会议由三省（市）轮流组织。二是联动执法制度。根据工作计划或需要，由三省（市）环保局（厅）定期或不定期统一人员调配、统一执法时间、统一执法重点开展联动执法。三是联合检查制度。三省（市）环境保护局（厅）每年各牵头组织1~2次联合检查行动，互相派遣执法人员到对方辖区开展联合检查，共同学习交流执法经验、提高执法水平。四是重点案件联合后督察制度。对同时涉及京津冀的重点环境违法案件联合进行环境行政执法后督察。五是信息共享制度。相互共享本辖区环境监察执法信息，互相借鉴学习。

联动执法包括四方面主要内容：一是排查与处置跨行政区区域、流域重污染企业及环境污染问题、环境违法案件或突发环境污染事件；二是排查与处置位于区域饮用水源保护地、自然保护区等重要生态功能区内的排污企业；三是在国家重大活动保障、空气重污染、秸秆禁烧等特殊时期，联动排查与整治大气污染源；四是调查处理上级交办的重点案件。具体执法重点将结合京津冀三地年度环境保护重点工作及各季节环境监察阶段性重点工作任务确定。[①]

① 首都之窗网站，http://zhengwu.beijing.gov.cn/zfjd/hj/t1412309.htm。

机制成立之后不久，就发挥了作用。气象部门预计12月7日至9日将在京津冀地区出现一次空气重污染过程。12月5日起，三省市相继发布了空气重污染预警，12月6日，京津冀三地环保部门启动了环境执法联动机制，这是京津冀环境执法联动机制建立以来首次正式启动三地环境执法联动工作。此次执法联动机制针对秋冬季节的污染排放特征和高架源排放的输送作用，结合各地应对此次重污染的空气重污染预案措施要求，在各自区域内按照统一的方案开展执法行动。对是否安装大气污染防治设施、大气污染防治设施是否正常运行、污染物是否达标排放、在线监测数据是否造假，以及停限产、停工、停驶、停烧等应急减排措施是否落实到位等进行了检查，同时督促排污企业在确保达标情况下，力争最大限度减少污染物排放。①2016年2月，环保部和中国气象局日前联合发布消息，要求统一京津冀城市重污染天气预警分级标准，强化京津冀重污染天气应急响应措施，实现区域内重污染天气应对行动统一。

正如许多专家所指出的，减排治污的压力主要落到河北省身上。河北在这方面也积极作为，制定了许多新举措。2016年6月，河北省大气办印发《河北省重点行业挥发性有机物达标治理工作方案》提出，实施重点行业挥发性有机物（VOCs）达标排放限期治理，实现全省重点行业VOCs排放稳定达标、排放总量明显减少，促进区域空气质量持续改善。根据方案，逾期未完成治理任务、不能达标排放的企业，自2017年1月1日起，一律停产整治，治理达标后方可恢复生产。挥发性有机物（VOCs）是PM2.5的前体物。根据方案，河北省治理VOCs的重点包括医药制造、石油炼制、石油化学、有机化工、炼焦、钢铁冶炼和压延加工、木材加工、家具制造、交通运输设备制造、表面涂装、包装印刷等重点行业。其他工业行业和餐饮油烟、汽车维修、服装干洗等生活服务行业，也要对照相关

① 首都之窗网站，http://zhengwu.beijing.gov.cn/zfjd/hj/t1413286.htm。

排放标准，采取控制措施，加强监督管理。自2017年1月1日起，河北省将对VOCs排放企业开展定期监督性监测，重点监控企业每半年进行一次，其他企业每年进行一次。[①]

【小贴士】

挥发性有机物（VOCs）：常温下饱和蒸汽压大于70Pa、常压下沸点在260℃以下的有机化合物，或在20℃条件下蒸汽压大于或者等于10Pa具有相应挥发性的全部有机化合物。

2016年6月，根据国家发展改革委、财政部、环保部《关于制定石油化工及包装印刷等试点行业挥发性有机物排污费征收标准等有关问题的通知》精神，河北省发展改革委、省财政厅、省环境保护厅制定了河北省石油化工及包装印刷试点行业挥发性有机物（VOCs）排污费征收标准。由于VOCs对环境损害程度与二氧化硫、氮氧化物等废气中主要污染物大体相当，河北省石油化工及包装印刷试点行业VOCs排污费征收标准按照现行二氧化硫、氮氧化物排污费标准执行，即2016年1月1日起，每污染当量2.4元；2017年1月1日起，每污染当量4.8元；2020年1月1日起，每污染当量6元。为奖优罚劣，鼓励深度治理，河北省挥发性有机物排污费实行差别化收费政策。企业污染物排放浓度值低于规定的污染物排放限值50%以上的，减半征收排污费；企业污染治理设施由第三方运营，在收费标准的基础上增加5%的减免额度。企业污染物排放浓度值高于规定的污染物排放限值，或污

① 首都之窗网站，http://zhengwu.beijing.gov.cn/zwzt/jjjyth/hbxx/t1438947.htm。

染物排放量高于规定的排放总量指标，或生产工艺装备、产品属于规定淘汰类的，按照收费标准加两倍征收排污费。上述三种情况可叠加征收。[1]

“异地”原来“同城”——惠及百姓新举措

前面谈了这么多政策、理论，最后都要落脚到百姓的生活，这才是京津冀协同发展战略最“给力”的地方。在本章的最后，我们就来说说，京津冀协同发展战略给老百姓带来的实实在在的好处。

现代社会是一个人员广泛流动的社会。那咱们从交通说起吧。2015年12月，国家发展和改革委员会与交通运输部发布《京津冀协

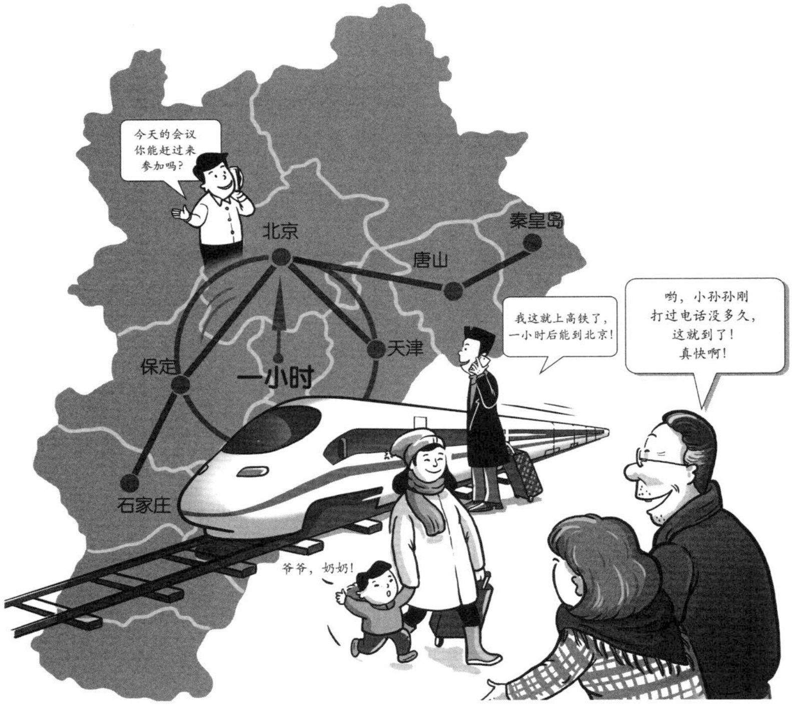

① 首都之窗网站，http://zhengwu.beijing.gov.cn/zwzt/jjjyth/hbxx/t1437096.htm。

同发展交通一体化规划》（以下简称《规划》）。根据《规划》，到2020年，多节点、网格状的区域交通网络基本形成，将形成京津石中心城区与新城、卫星城之间的“一小时通勤圈”，京津保唐“一小时交通圈”，相邻城市间基本实现1.5小时通达。同时，京津冀地区还将统一机动车注册登记、通行政策、机动车排放标准、油品标准及监管、老旧车辆提前报废及黄标车限行等政策。

根据《规划》，京津冀地区将以现有通道格局为基础，着眼于打造区域城镇发展主轴，促进城市间互联互通，推进“单中心放射状”通道格局向“四纵四横一环”网格化格局转变。

【小贴士】

网格化格局

“一环”：即首都地区环线通道，有效连通环绕北京的承德、廊坊、固安、涿州、张家口、崇礼、丰宁等节点城市，缓解北京过境交通压力。以北京新机场开工建设为契机，进一步加强东南半环廊坊、固安、涿州等城市的交通联系。

“四纵”：沿海通道、京沪通道、京九通道、京承—京广通道。沿海通道连接秦皇岛、唐山、天津（滨海新区）、沧州（黄骅）四个沿海港口城市，是重要的港口集疏运通道，也是环渤海城镇和临港产业发展的重要依托；京沪通道连接北京、廊坊、天津和沧州，是京津同城化发展的主轴，也是北京重要的出海通道；京九通道连接北京、北京新机场、廊坊、衡水，是京津冀沟通华中、华南地区的交通动脉；京承—京广通道纵贯京津冀地区，连接承德、北京、保定、石家庄、邢台、邯郸，是京津冀沟通东北、华中及更远地区的交通动脉。

“四横”：秦承张通道、京秦—京张通道、津保通道和石沧通道。秦承张通道连接秦皇岛、承德、张家口等京津冀地区北部城市，是我国西北地区重要出海通道；京秦—京张通道连接秦皇岛、唐山、北京、张家口，是京津冀联系西北、东北地区的交通动脉；津保通道连接天津（滨海新区）、霸州、保定，是京津冀中南部地区的重要通道，也是天津港的重要疏港通道；石沧通道连接石家庄、衡水、沧州（黄骅），沟通京沪、京九、京广三大通道，是黄骅港的重要疏港通道。①

如果觉得这些文件语言看起来费劲，咱们说说百姓出行吧。谁家一年不出几次门呢？出行无非海陆空，现在坐船出行的人是少之又少了，在华北平原更是如此。咱们重点谈天上的飞机和地上的火车和汽车吧。

2014年，北京开工建设新机场。这个新机场位于北京南部，规划远期年客流吞吐量1亿人次、飞机起降量88万架次，2019年将建成并投入运营。2017年2月23日下午，在北京考察的习近平专门视察了北京新机场建设。他指出，新机场是首都的重大标志性工程，是国家发展一个新的动力源，必须全力打造精品工程、样板工程、平安工程、廉洁工程。每个项目、每个工程都要实行最严格的施工管理，确保高标准、高质量。要努力集成世界上最先进的管理技术和经验。

如果你觉得新机场的建成还有点“远水解不了近渴”，那么，

① 首都之窗网站，http://zhengwu.beijing.gov.cn/gzdt/bmdt/t1414211.htm。

不妨看看空铁联运吧。先问一个问题，在火车站能买到飞机票吗？能在火车站办理飞机值机吗？答案是肯定的。在北京南站，拿出身份证一刷，吐出来一张天津机场的飞机票。这就是“空铁联运”。现在，京津冀正在编织一张空铁联运网。三地民航正携手推动民航领域一体化。在北京南站坐高铁，30分钟就到了天津，接着坐地铁到天津滨海国际机场。在北京西站，办理完值机坐火车出发，几个小时后就可以石家庄顺利起飞。在北京八王坟客运站，每个小时都有一班大巴车出发，直接把乘客拉到天津机场航站楼前。天津机场在北京八王坟客运站、北京南站分别设立了城市候机楼，河北机场则在北京西站设立候机楼，到达两个机场的旅客可在这些候机楼办理值机。八王坟候机楼除了可以办理自助值机外，还将增加办理行李托运的业务，乘客在候机楼把行李托运后，由大巴车直接运到机场，到机场后就不必再次办理托运手续了。于是，北京首都机场过剩的资源，被疏解到天津机

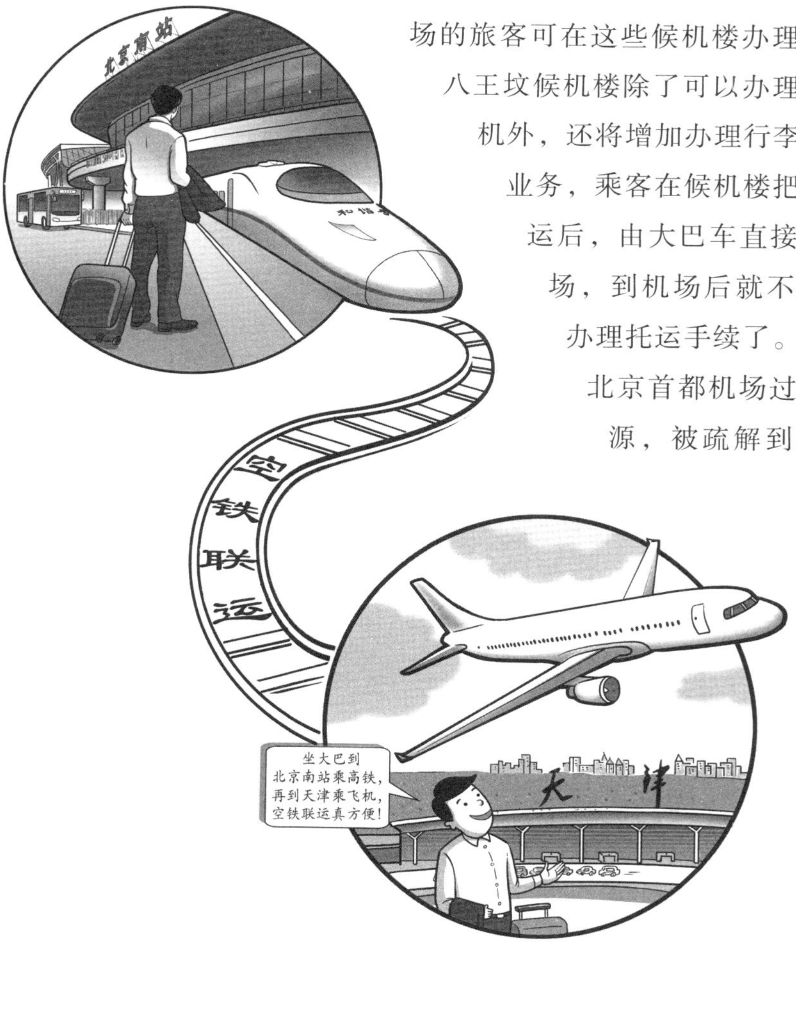

场和河北机场，中间再通过铁路、公路等各种方式“换乘”。2014年年底，京津冀三地机场在北京签订协同发展战略合作框架协议。这一协议明确了三方定位：首都机场以服务首都为核心功能，调整优化航线网络结构；天津机场强化枢纽功能，大力发展航空物流；培育河北机场为枢纽机场。天津方面表示，天津机场将打造为进出北京的第二空中通道，建设成区域枢纽机场和中国国际航空物流中心。

以前，“空铁联运”主要依靠京津城际、京石高铁两条线路，随着协同发展战略的推进，更多铁路线被囊括进来，三地空铁联运范围也进一步扩大。比如，连接到滨海机场的“空铁联运”线路将增加至6条：一是京津城际铁路天津—北京区间；二是津秦客运专线天津—唐山—秦皇岛区间；三是京哈铁路天津—锦州区间；四是京沪高铁天津—沧州—德州区间；五是津保铁路天津—白沟—保定区间；六是津蓟铁路天津—蓟县区间。随着“空铁联运”网进一步扩大，“北京吃不了，天津吃不饱，河北吃不着”的民航困境将得到缓解。

这些举措的效果已经显现出来，“2016年上半年空铁联运带来的乘客就增长了60%。”2015年全年北京与石家庄之间空铁联运乘客数量是20万人次左右，而根据计划，2016年将突破30万人次。①

接下来，让我们把目光从天上转到地面。近期，京津冀跨区域公交已经成为现实，北京公交集团已经与延庆区政府签署战略协议，统一规划管理延庆区公交运营，增加公交覆盖率，同时增加快速公交直达专线、定制公交等服务。“延”字头公交线路将统一纳入北京公交集团管理。围绕2022年冬奥会，京津冀跨区域的公交线网、场站布局也正在进行设计准备。未来，延庆城区将增加公交覆盖，并开通与张家口的快速直达专线、旅游及观光线路等，为冬奥会服

① 首都之窗网站，http://www.beijing.gov.cn/bmfw/zxts/t1441356.htm。

务。京津冀三地跨境公交运营线路也将增加。目前，北京公交集团有39条跨区域的公交车，开往河北固安、燕郊、涿州等地，未来像这样跨区域的快速直达专线还将增加。2017年年底之前所有公交车将实现一卡通的三地互联互通。[①]2015年12月，京津冀交通一卡通实现了第一步，北京、天津、张家口、廊坊、保定和石家庄实现了“一卡通”。[②]据介绍，2017年，三地所有公交有望实现一卡通行，高速ETC系统将实现100%覆盖，京津城际也有望实现月票通行，并考虑实施价格优惠。

而更诱人的目标则是“京津冀一小时交通圈”。以北京为中心，50~70公里半径范围内将形成一小时交通圈。这个“轨道上的京津冀”将由国家干线铁路、城际铁路、市郊铁路、城市地铁构成。目前，这一网络正在快速构建。在京津城际、京沪高铁、京广高铁、京秦高铁、津秦高铁等线路的基础上，京唐城际、京滨城际、京霸城际、首都机场到北京新机场城际铁路联络线、廊涿城际、京张客专等线路也在加紧建设或规划。除了高速轨道交通，高速公路也是“一小时交通圈”的重要组成部分。2014年底，河北与北京对接的国道111一级路和与天津对接的国道233升级改造项目相继建成通车，河北完成省际“对接路”100公里。2017年，三地有望打通国家高速公路的所有“断头路”，建设全长约940公里的“首都地区环线高速公路”。而在“一小时交通圈”的基础上，京津冀还将构建“三小时高铁交通圈”和“机场一体化网络”。[③]

您说了，百姓生活也不仅是交通啊。是的，京津冀协同发展对百姓生活的影响还有许多，咱们选择几个再说一说。

---

① 首都之窗网站，http://www.beijing.gov.cn/bmfw/zxts/t1438450.htm。

② 首都之窗网站，http://zhengwu.beijing.gov.cn/bmfu/bmts/t1414548.htm。

③ 首都之窗网站，http://zhengwu.beijing.gov.cn/bmfu/bmts/t1403619.htm。

拖欠工资找哪儿查？

为帮助京津冀跨区域劳动者就近就地维权，2016年三地劳动监察部门联合下发了《劳动保障监察案件协查办法》。京津冀三地的劳动者，无论在何地工作，如果用人单位拖欠工资，在有证据的情形下就可以就近投诉，而不必再跑到案发地，京津冀跨区域劳动监察案实现三地协查。在以前，一个河北人在北京工作，被拖欠工资，后来他回到老家，想通过劳动行政部门追回欠薪的话，他必须要在用工所在地劳动监察机构投诉，配合调查取证。但三地协查方案出台后，他可以在老家投诉，并出示相关证据，当地劳动监察机构可以受理此案，然后按协查程序直接流转至北京的劳动监察机构立案处理，处理结果将向他本人及老家劳动监察机构反馈。

【小贴士】

《劳动保障监察案件协查办法》规定，有下列情形之一且需要相关地区协查的，可启动委托协查工作：

本地区发生劳动保障监察案件的用人单位其注册地、主要经营地或者主要办事机构所在地为相关地区的；本地区发生劳动保障监察案件的违法行为涉及相关地区的；本地区在查处劳动保障监察案件过程中需要相关地区协助的；上级交办案件或本地区群众举报、投诉的重大违法案件涉及相关地区的等。一般性案件应在15个工作日内完成协查；案情复杂的双方可商定完成时限（不超过30个工作日）。①

安全食物从哪儿来？

2015年3月，北京市农村工作委员会、天津市农村工作委员会、河北省农业厅在北京签署《推进现代农业协同发展框架协议》。根据协议内容，三地将突出大城市农业功能定位，共同探索都市农业的多种实现形式。重点在籽种农业、会展农业、观光休闲农业、沟域经济等方面开展交流与合作，共同开发农业的生产、生活、生态等多种功能。重点在农业新技术、新品种、新设施推广，动植物疫病联防联控，以及节水农业、循环农业、低碳农业发展等方面开展科研合作。并积极打造合作平台，引导农业企业“走出去”，开发

① 首都之窗网站，http://zhengwu.beijing.gov.cn/gzdt/bmdt/t1442864.htm。

国际国内两个市场、利用国际国内两种资源。[①]2015年底，北京、天津、河北三地共同启动蔬菜病虫害全程绿色防控基地的建设工作。2016年，京津冀将建80个绿控蔬菜基地；计划到2020年，北京、天津、河北三地协同建设“蔬菜病虫全程绿色防控示范基地”400个，核心面积超过10万亩，辐射带动面积100万亩以上。京津冀绿色防控基地协同建设后，三地将应用统一的蔬菜病虫全程绿色防控技术标准进行蔬菜生产，有利于生产水平的协同发展。[②]

有个病痛上哪儿瞧?

目前，京津冀已经签订了《卫生应急协议》《疾病预防控制协议》《医疗卫生全面协同发展的协议》《药品医用耗材的联合采购协议》，将对三地共同应对疾病、控制公共卫生风险起到基础性作用。三地统一进行药品和医用耗材招标，将形成一个

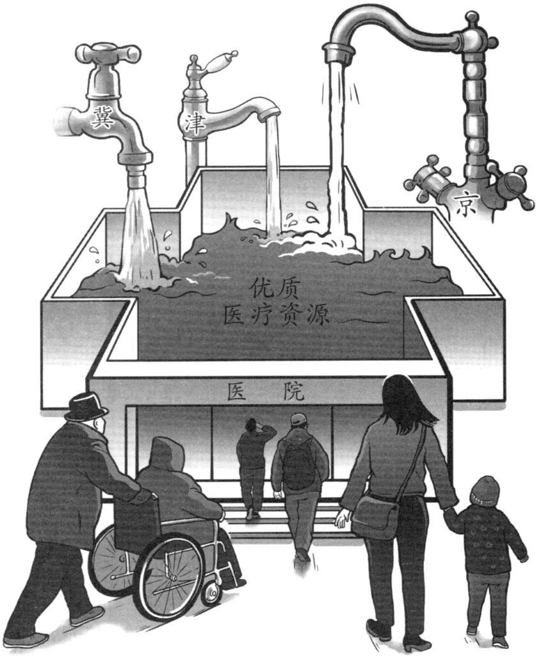

① 王海燕：《京津冀签署农业协同发展框架协议》，《北京日报》，2015年3月15日第3版。

② 赵红梅：《京津冀将建80个绿色防控基地》，《北京日报》，2015年11月9日第8版。

统一的京津冀医疗市场、医药市场，降低京津冀地区的医疗服务成本和费用，直接惠及三地居民。京津冀三地还在研究医师、护师电子化注册，实现医疗信息的互联互通。北京关于医护人员电子化管理的标准和编码，将开放给天津和河北使用。使三地之间的医疗信息大数据可以共享，提高综合管理及服务水平。另外，三地卫生主管部门也谋划着将优质医疗资源结成一个高水平的医学联盟，让更多患者能够普惠性的享受高水平医疗卫生服务。

2015年9月，北京、天津、河北三地卫生计生委主任还共同签署了《京津冀卫生计生事业协同发展合作协议》，根据协议，三地部分检验、影像等检查结果有望从2016年开始互认。三地还将探索建立区域内分级诊疗、双向转诊机制。三地正在研究医院检验、影像等互认项目和质控标准，以确定哪些项目可以互认，哪些医院达到了质量控制标准，经过评估可以纳入互认范围。检查结果的互认将有范围、分步骤地推进。

文化大戏在哪儿看？

2014年4月，北京市文化局联合天津市文广局、河北省文化厅，推出“三地同唱盛世曲携手共筑中国梦——京津冀河北梆子优秀剧目巡演（北京站）”活动，三地名角儿历史上首次汇聚首都，拉开三地文化协同发展的大幕。继北京首演后，这一巡演又先后到达河北、天津，场场大受欢迎。2015年5月至6月，“京津冀精品剧目展演”在北京举行，京津冀三地11家院团的11台优秀剧目，在北京的4个剧院上演22场。

京津冀地缘相接、文脉相通，三地的文化欣赏习惯相近。北京每天营业性演出剧目不下70场，一年演出场次2.1万场，观众1100万人次，演出收入15亿元，全市共有演出文艺团体600余家，其中98%是体制外院团，社会文化活力非常旺盛。以后，三地每年都将搞精

品剧目展演，滚动承办，形成机制，共同打造采购平台，一年至少相互采购10台舞台精品剧目。三地还将定期举办推介会，组建京津冀演艺联盟，实现剧本推介、演出营销、人才交流等线上线下双向交流。

除了剧场演出，其他层面的文化协作也在进行当中。北京市群艺馆与天津群艺馆、河北群艺馆都建立了合作关系，正在共同规划、培育、打造精彩活动。三地图书资源利用数字化手段也在实现共建共享。首都图书馆帮助位于河北固安的一处大型社区建立了图书室，就是京津冀文化共享的一个体现。[①]

幸福晚年在哪儿享？

京津冀三地民政部门共同签署了《京津冀养老工作协同发展合作协议（2016～2020年）》（以下简称《协议》），力争在五年内

① 首都之窗网站，http://zhengwu.beijing.gov.cn/gzdt/bmdt/t1397077.htm。

合力破解跨区域老年福利和养老服务方面的身份和户籍壁垒，形成“一省两市”养老服务发展新格局，让京津冀三地老人异地养老无障碍。[①]

【小贴士】

根据《协议》，建设特色养老服务片区，依托河北省石家庄市丰富的中医药资源，打造以医疗保健为特色的养老服务聚集区；依托张家口、承德市北部丰富的生态资源，打造京津冀候鸟式养老服务区；依托唐山、秦皇岛市海洋、避暑资源和地理位置优势，打造京津冀休闲、养生、娱乐、旅游为一体的养老服务区。

按照“养老扶持政策跟着户籍老人走”原则，三地分别制定相关的协调发展支持和配套政策。天津市和河北省在养老机构服务价格、养老服务土地供给等方面有很大优势，而北京市的养老服务企业在医疗技术、服务水平等方面有得天独厚的条件。京津冀一体化可以优势互补、资源共享，提高三地养老服务综合实力，让京津冀老人对于如何养老、在哪养老有更多的选择。今后，京津冀三地将协同规划布局养老机构，这就意味着，京津冀老人可以在三地自由选择养老院，届时，户籍地政府发给老人的各种补贴将跟着老人一起走。在看病方面，国家正建立省级异地就医结算平台，以后，老人在异地看病可以实现医保即时结算。

① 童曙泉：《京津冀将试关跨区域养老》，《北京日报》2015年11月9日第5版。

第五章　他山石

世界各大洲各个国家都有很多形态各异的都市圈，有的是城市群，有的是连绵的城市带，还有的是成片的大大小小的城镇集群或是产业功能区集群。每一个城市群的形成，都和当地的历史、经济、文化和地理特点有着密不可分的联系。不同的地理格局、产业发展需求导向下所形成的城市圈或者城市群，对京津冀这个都市圈都有着独具特色的借鉴意义。京津冀区域要想获得规划、建设和经济发展上的启迪，首先还需要从国内的城市圈、城市群看起。我国主要的知名城市群包括长三角城市群、珠三角城市群、京津冀环渤海城市群以及成渝都市圈等等。目前，在各个国家各类机构所评选的世界级城市群中，我国的长三角、珠三角等城市群都榜上有名。有学者认为，再过若干年，全世界十大城市群中，可能有五个都在中国。近年来，随着西部大开发战略、“一带一路”战略以及多个国家级新区的规划建设，全国各地又涌现出了一大批快速兴起的城市群带，例如辽东半岛城市群、山东半岛城市群、广西北部湾城市群、长株潭城市群等。

不同地区的城市群有着鲜明的地方特色，也有自身产生、发展和演变的历史机遇和条件，但也有很多的共同点。以京津冀环渤海城市群为代表的一大批国内城市群正在蓬勃发展，这些城市群的发展，需要充分吸收借鉴世界其他国家和地区各种类型、各种功能城市群建设的经验，取其所长，为我所用。本章将结合国内外城市群建设的相同点，分析京津冀城市群的建设，能够从国外城市带、城市群建设发展演变的过程中获得什么样的宝贵经验。

“京津冀包邮”不是梦：长三角的启示

上海市以及江苏、浙江多个地级市、县级市构成了长三角城市群的主体，作为目前我国经济发展水平最高、活力最强、规模最大、综合发展指数最优的城市群带，它以上海为中心，向南京、杭州两个方向伸出两个主轴，串联起轴上和周边大大小小数十个地市。上海市自20世纪之初就是我国最早的通商口岸之一，长期担负着向长三角地区以及所辐射的内地广大腹地输送货物、资本的作用，是华东地区乃至全国对外交流的窗口，新中国成立以来又一直担负着全国工业、经济核心的作用。和北京一样，上海在计划经济年代也享受着国家多重优惠政策，不仅实现了自身的高速发展，同时也带动了周边的发展。因此，徜徉在长三角区域，会深刻地感受到它和北京及其周边地区历史发展脉络和渊源的相似之处，其发展机理和历史经验也值得我们认真梳理。

有过网购经验的人都知道“江浙沪包邮”，这令“剁手党”羡慕的政策的重要基础就是长三角地区发达的交通网络。作为长三角地区中心的上海，其对外联络的三大主要陆地干线是京沪线方向（南京）、沪杭线方向（杭州）以及新长线方向（南通、盐城）。三个方向的公路、铁路建设都具有一定规模。受地理因素制约，上海市三面环海，因此陆地通道基本上只有向西这一个大的方向，不能像北京一样去辐射全国各地。三面环海的优势在于便于发展远洋运输，同时上海市扼守长江口，发展内河运输也具有很大的优势。这样，上海市利用自身的交通优势，建成了世界第一大港——洋山港，与杭州湾对岸的世界第三大港——宁波北仑港一起，构成了远洋物流与国际大宗货物吞吐的绝对性优势。

长三角地区的交通优势不仅体现在大的铁路、公路干线上，同时还体现在交通基础设施、软硬件环境和配套服务的城乡一体、全面覆盖。从南京到上海，再到杭州，再到周边范围内几乎覆盖江浙两省全境的市、县、乡镇，公路密如蛛网，班车站点星罗棋布，从任何一个乡镇村出发，到长三角境内的任何一个地方都非常方便。城市公交延伸到了乡镇村，相邻几个市之间的城市公交甚至在行政区划边界地区对接起来。有人做过一个实验，从南京出发，一路坐南京市、镇江市、丹阳市、常州市、无锡市、苏州市、昆山市的公共汽车，换乘20多次就能到上海，这趟横跨省界的旅行，总长度达300多公里，但一路上享受的却都是城市公交的票价和服务水平。目前，苏州地铁正在计划和上海、无锡的地铁对接，几个城市之间未来除了地铁之外，还有火车、高铁、城际铁路等多种交通方式任意选择。即使是地理位置较偏远的那些县市，也有发达的县际班车、市际班车流水发车。发达的交通基础设施和服务水平，不仅服务了长三角区域内部的交通，同时也广泛辐射向周边省份乃至全国、全世界所有地区，为长三角地区的经济地位奠定了坚实的基础保障。

其实，京津冀地区的交通区位优势并不亚于长三角。北京是全国的交通枢纽，也是全国几大地理板块交会的地方，从北京出发向周边辐射，有十余条公路国道、十余条铁路与外界连接，其数量和质量在全国都是最高的。曹妃甸港是我国北方难得的深水不冻港，天津港是世界第四大港，辐射内地华北、西北广大地区。这样的条件，不可谓不优越。问题在于，在旧格局中，这一优越的条件主要服务于首都发展。而随着京津冀一体化战略的推进，这一交通地理优势将更多地服务于京津冀地区的整体发展。相应地，物流、人流资源向北京核心集散的趋势，也就转变为辐射整个区域的多点集散，进而使整个京津冀地区成为区域乃至全国物流、客流、信息流的大节点。而要实现这一交通格局，首要任务就是提升京津冀区域内部的交通互联互通水平，织密京津冀区域内部的交通网络，像长三角一样，构建任意两个县市、两个点之间的发达的多元化交通网络，让人们出行可以有城际铁路、火车、地铁、公交等多种方式任意选择，并让这些多样化的交通方式从城市里继续向下延伸，辐射到乡镇村，进一步努力缩小城乡交通水平的差距，加快人流、物流、信息流的流动，打造出区域协同发展、交通服务先行的全国样板。

接下来，我们再说说产业格局。京津冀的龙头城市北京，与长三角的龙头上海，在工业发展历史渊源上有很多相似之处，都是计划经济条件下高度统一、高度集聚资源发展的结果。但是，江苏、浙江很多市县以及农村地区，自从20世纪70年代就主动为上海市高速发展的工业服务，在产业链的上游、中游和下游进行配套，从销售、物流到配套的其他生产性服务业，都能见到上海“小伙伴们”的身影。同时，由于整个江浙沪地区自然和人文环境相近，而且宜商宜居水平不亚于上海市中心，很多在上海的大型工业企业不仅愿意和周边地区开展合作，同时也愿意在江浙沪地区设立分支机构，发挥当地优势进一步扩大自身的市场和经营范围。比如，南京市郊的梅山矿业公司等企业都是从上海市内疏解出去的，而南京当地也为疏解过来的企业主动提供了非常良好的配套服务。

历史上，江南一直是鱼米之乡，苏北、苏南农村地区以第一产业为主。改革开放以来，在上海市强大工商业基础的辐射之下，苏北、苏南大量农村地区开始涉足第二产业，从简单的家庭工厂和家庭作坊、村办企业开始做起，一点一点地逐步做强做大，实现了工业强县、工业强市。这些工业也并不一定全都是科技含量很高的高技术制造业，很多都是适合当地生产力发展基础的一些简单制造业，有的县、村直至今日仍旧在从事这样的制造业配套，也有的县、村在这一制造业基础上，抓住历史、政策、自然环境等各种机遇，发展起了光伏、港口设备、机电等产业，实现了产业的不断升级。这样，发展到今天，整个长三角地区就在市场的长期自发推动作用下，形成了层次分明、地理空间布局合理、配套软硬件环境较为成熟的完整的产业发展格局。

纵观长三角的产业格局发展，至少有三点值得京津冀借鉴。

其一，擦亮老品牌，辐射新区域。北京和上海都具有传统体制下积累起来的强大工商业基础，这是实现区域协同发展的一个重要基础条件。虽然在20世纪90年代之后，上海和北京在国有资本利用、引进外资消化吸收再利用以及发展对外贸易等一些方面的发展稍有不同，但时至今日，北京仍然有许多利用国有经济基础、老字号资源以及工商业基础资源实现区域协同发展的机遇。北京应当向上海学习，将一部分有条件、有优势的工商业资源主动同周边地区对接，实现共赢发展。

其二，开发大腹地，挖掘新潜力。长三角地区产业的整体发展，是从农村、从乡镇企业开始的。这不仅缩小了城市与乡村的差距，实现了城乡统筹协调发展，同时也带动了农民就地创业致富，避免了人口大量流入城市。现在的上海以及长三角的大城市中，来自江苏浙江农村的流动人口并不很多，大量流动人口是从内地迁来的。反观北京、天津的中心城区，来自河北省的流动人口占据了全部流动人口的接近三成。而区域协同发展最广阔的腹地在农村。河北省许多县、村都有就地发展产业、集聚人口、与京津大城市主动配套和产业对接的潜力，北京这样的大城市也需要周边城市为其进行产业链下游的配套。近年来兴起的河北省众多“淘宝村”就是很典型的例子。在京津冀协同发展战略推进过程中，河北尽可以把重点放在农村地区，用足这一战略机遇，寻求农村就地发展的机遇，使农村的产业、基础设施建设、环境建设、生态文明建设水平早日向浙江、江苏的农村地区看齐。

【小贴士】

淘宝村

2015年1月，第二届中国淘宝村高峰论坛在浙江省丽水市举行。会上阿里巴巴集团发布了全国淘宝村名单、首批淘宝镇名单，河北省共入选25个淘宝村，数量在全国排第四位，淘宝镇2个，数量仅次于浙江和广东。

其三，正视层级化，寻找新机遇。农村地区受生产力水平、人员素质、历史积淀等因素限制，在起步发展之初，一定是从简单的制造业、家庭作坊式的加工业或者是小规模的仓储、商贸加工、物流业开始的，随着经验的不断积累和政策环境、市场环境的不断发育成熟与优化，才能够逐渐发展壮大，逐步实现产业结构升级换代，实现从第二产业向第三产业的过渡，这需要一个历史过程。虽然可以通过将产业要素、批发市场以及交通基础设施等提前向该地区规划布局，短期内拉动地区产业层级的跨越式提升，但是从长远看，还是需要该农村地区自发地寻找“造血”的动力和机遇，打牢发展基础。这个产业层级演进的历史过程是不应当轻易打破的。直至今日，长三角一些村镇依旧停留在第一产业主导的阶段，发展水平依旧不高，也有一些村镇依旧处在第二产业链的相对低端，这是市场规律所自发决定的，对于长三角区域整体来说，是一个最优的相对状态，需要正视并包容这样的发展模式和发展状况，充分认识到“产业阶梯传导”和“越级发展”的难度，避免走入盲目追求高精尖、快速发展、贪大求全、遍地开花的误区。

最后，再说说长三角的生活格局，这也是人们最关心的话题。今天的上海，和北京一样面临着中心城区房价暴涨、向外圈层依次递减的房价形态，中心城区住房痛苦指数和所有大城市一样居高不下。当然，与之相伴的是较多的就业发展机会、较高的工资水平以及更好的生活、教育、医疗配套条件，这都是市场自发形成的，也是对于中心城区过度膨胀、“大城市病”的一种“天然”的抑制和调控。当我们把目光从京沪两地向外延伸，又会发现上海周边的南京、镇江、无锡、昆山、嘉兴、杭州、宁波等城市的房价，和北京周边河北省、天津市等地区的房价格局也有相似之处，周边城市房屋价格普遍低于位于核心地位的特大城市，生活基础价格也低于特大城市，当然，质量和水平也低于特大城市。

如果我们再深入分析长三角都市圈和京津冀都市圈居住、生活、文化格局的异同，就能够发现一些具有共性的特点。这样的特点可能是特大城市为核心的城市群发展到一定规模之后所必然显现出来的，其规律值得深入分析、仔细思考。

其一，“伴城”现象。在距离核心特大城市地理位置最近的外省（市）区域，一定会出现一个或多个规模庞大的“伴城”。距离上海位置最近的昆山市、花桥镇，距离广州位置最近的佛山市，距离北京位置最近的燕郊、廊坊、固安，距离深圳位置最近的惠州市，都已经或正在体现出这样的特点。这些城市有的承接了特大城市的一部分居住和生活功能，有的还承接了相应的产业和配套服务功能，共同特点是经济成本比相邻的那个特大城市都要低很多。而随着“伴城”的形成，公交、地铁都会向“伴城”的方向延伸，大量房地产业也会在“伴城”兴起，并带来大量的通勤人口，“伴城”与母城之间的连线也自然成为一条发展良好、成熟的城市带。最终，“伴城”的综合发展水平不仅会接近甚至超越母城，而且两城之间的城市带也一定会快速发展起来。“伴城”现象背后的原因包括行政区划格局、经济成本因素等许多方面，但我们通过观察可以看到，并不是所有有地理位置优势的周边县市都能够成长为“伴城”。只有那些政策环境好、发展眼光长远、主动出击、主动对接母城、愿意承接母城转移下来的产业的县市和地区，经过多年积累和发展，不断地抓住历史上转瞬即逝的每个发展机遇，才有可能成长为“伴城”。以环首都的县市为典型，北京、天津周边的许许多多中小城市都有成长为“伴城”的潜质，2014年以来，北京非首都功能疏解、城际铁路建设等重大历史契机，都给这些中小城市带来了历史性的机遇。究竟哪些城市能敏锐地把握机遇，用足用好政策，愿意从“伴城”的角色做起，实现自身的跨越式发展，那就要看环京津各个中小城市自身的选择了。

其二，文化融合。城市圈内不同的城市，有各自的优势，有各自不同的分工，人口、规模、经济发展水平也都有很大区别，但有一点是共同的，就是地缘相近、人缘相亲，风俗、文化非常接近，这为区域内人员流动、文化融合创造了非常好的条件，也为城市群的形成、城乡一体化发展奠定了基础。比如，去过深圳的人都能够在这座新兴移民城市感受到浓厚的岭南文化氛围，而上海、江苏历史上就是一个整体，属于吴越文化范围，这些都推动了区域大融合大协同大发展。在本书第二章中，我们曾谈到过京津冀地区的燕赵文化底色。应该说，京津冀区域的文化融合，既有现实的基础和条件，也面临一些挑战。虽然整个区域整体上都属于华北农耕文化，但是北京自古以来就是多元文化融合交会的地方，受到来自四面八方多种文化的冲击和影响，加上作为首都地位的政治文化、首都文化的长期熏陶，与传统的华北农耕文化已经有了一定距离，和周边仍处于华北农耕文化区域的中小城市和村镇在文化上存在一定程度的落差。天津自近代以来接受来自港口的沿海城市文化熏陶，以及其他国家文化的渗透，和北京的皇城文化，以及河北省的农耕文化底蕴仍然有着不小的差别。文化上的差异，客观上造就了京津冀三地在观念、思路和发展理念、具体发展举措上的一些不同。这也是京津冀一体化战略推进中需要客观面对，并想办法扬长避短的重要课题。

“双核”驱动效更高：珠三角的模式

珠三角城市群和长三角城市群在结构和机理上有着一定差别。20世纪70年代之前，广州市是华南地区的中心城市，也是省会。深圳作为一个小渔村，并不出名，人们更多地习惯于将现在深圳那

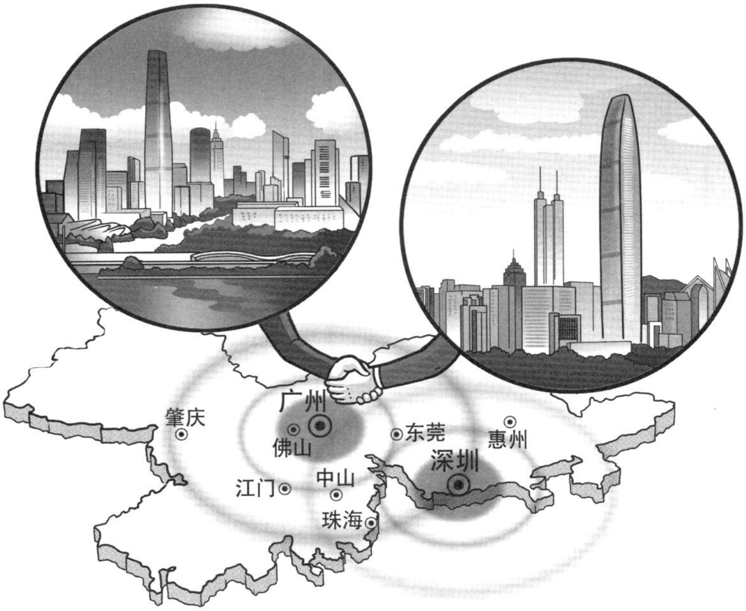

一带地区叫作“宝安”，“宝安”这个地名的知名度强于深圳。整个华南地区除了广州之外，还有汕头、茂名、湛江等中心城市，广州周边就再没有其他更大的城市，如今的小榄镇、中山市也都还是普通的城市和村庄，当时的珠三角呈现出明显的“单核”特征。

随着睿智的总设计师邓小平在南海边画了一个圈，这片土地内在的生机被唤醒了，而香港回归祖国，与内地特别是珠三角地区的联系日益密切，又从客观上也加速了这一地区的发展，大量“三来一补”（来料加工、来样加工、来件装配和补偿贸易）制造业的机会流入珠三角大大小小的村镇，国外的信息流、人流和商业机会从香港、澳门、深圳、珠海流入珠三角，国内的大量政策高地也在这里筑就，历经数十年，形成了今天的珠三角城市群。如今，深圳市国内生产总值超过香港特别行政区生产总值，已经指日可待，珠三角正成为南中国的一幅新画卷，在国内外越发显示出其重要角色。

这值得关心京津冀协同发展的人认真品读，它至少可以给我们这样的启示：一个城市群快速发展，需要有一个强大的、独具特色的推动力，也就是这个地区区别于国内其他城市群，所独有的优势资源和特征。珠三角崛起的重要依托是香港这个国际通商口岸，正是由于有香港的存在，加上一国两制伟大构想的实现，珠三角才能真正成为香港的发展腹地，从发展腹地做起，日积月累，最终赶超香港，成长为大都市群带。那么，京津冀都市圈所依托的独特推动力是什么呢？可能就是北京作为首都的独特优势地位，天津市的港口资源以及特大城市、直辖市地位所带来的发展基础，以及河北提供的腹地支撑。因此，京津冀都市圈一定要充分用好这样的两大优势，想方设法使整个区域所有地区都能享受到首都优势、直辖市优势和港口优势所带来的发展红利，同时保持住这份发展红利。

【小贴士】

改革开放之初，香港一地的GDP总量超过国内数个大城市之和。而今，依托发达的城市群，珠三角GDP总量已经超过香港，仅深圳一地的GDP总量就有望在2016年超过香港，位居全国城市前列。

深圳从一个小渔村发展为全国前五名的特大城市，只用了三十年左右的时间。这其中固然有政策优惠、地缘优势等因素，但也是市场机制和国内外宏观经济环境下造就的结果。那么，三十年之后的京津冀地区能否同样造就奇迹呢？我们看到，北京的亦庄经济技术开发区，20世纪80年代还是麦浪滚滚、蛙声一片，但在中心城工业疏解、首都制造业发展、京津塘高速区位等多重优势条件下，加上正确的政策引导，造就了今天的亦庄新城和快速发展的经济技术开发区。未来的北京城市副中心，以及新机场新航城，都位于京冀交界处，都有望成为推动两地协同发展的新引擎。我们有这样的信心。

广州、深圳两个特大城市之间距离147公里，和北京天津之间120余公里的距离相仿，多年来整个珠三角也就是在这个“双核”格局之下发展起来的。这说明，区域内同时存在两个特大型城市，并不意味着互相竞争、互相排斥，也并不是一定要通过行政区划调整等手段加以妥协，科学处理好“双核”的分工和关系，是能够形成共赢的“双城记”局面的。

在珠三角，广州、深圳的小伙伴们面貌各异，特点鲜明。广州、深圳作为珠三角的两大核心城市，其城市建设和综合管理水平也是最高的，无论是80年代建起的越秀、海珠两区的老城区、老街区，还是新世纪规划建设的天河新城、广州大学城，都代表着同一时代国内城市建设的最高水平。这样高水平的城市建设，自然也吸引了各阶层精英人士和国内外高端产业要素云集，造就了两市较高的综合发展水平。特别是深圳市，关内、关外城市建设水平都非常高，无论是关内四区核心区，还是关外的宝安、龙岗，都较好地处理了旧城老建筑、农民自建“天地楼”与新建筑、新产业园区的关系，整个行政区域内布局合理、建筑层次分明，也为以后的建设发展留足了空间。

汕头、茂名、湛江、佛山等城市作为老牌的大中型城市，虽然发展水平和要素集聚能力不及广州、深圳，但同样做到了老城与新城的有机统一，以及城市建设水平与城市发展水平的统一、适应和匹配。这些城市中，现代化的高层建筑并不很多，农民自建房、老旧楼房仍然占据相当比例，城市管理水平也不及国内很多特大城市，但都做到了有机、有序和协调，同城市的经济发展水平相匹配。特别是汕头等城市，城区里保留下来了许许多多南洋风格的老骑楼、老建筑，其数量和质量以及保护方式都值得称道，避免了大拆大建、破坏古建筑，为岭南地区城市建设发展留下了一笔非常丰富的史料。

以珠海为代表的新兴城市梯队，城市规划因地制宜，整个城市没有连成片，自然形成了拱北、香洲和吉大三大片区，避免了摊大饼式的发展。以小榄镇为代表的由原村镇、县城所在地发展起来的小城市，没有亦步亦趋地走贪大求洋、大拆大建、追求高大上新建筑的城市规划建设模式，而是保留了农民自建楼房和街区机理，在此基础上加强城市管理、扩大城市规模，并合理地处理好了具有地方特点的产城融合、城业一体的规划方式，不仅节约了资金，而且并没有影响小榄镇工业总产值的飞速提升。

我们提到过北京城市发展中“摊大饼”“同心圆”带来的一系列问题，珠三角城市建设的经验再一次表明，北京、天津两大特大城市的增量建设，必须秉承高标准、现代化的要求，建在中心城区以外的适当地方，打造新的增长极，避免继续“摊大饼”。广州的天河新城已经建设多年，其中心区域的员村、冼村等旧有的村镇区域成了城中村，直到现在也没有完全拆完，拆迁安置成本巨大。相比之下，北京的行政副中心建在一片已经拆迁完毕的空地上，天津的滨海新区和自贸区建在了盐碱地和滩涂上，难度就相对小得多，未来的发展空间也很大。在天津滨海新区，类似于南港工业区这样的有污染、有危险工种、但又是发展所必需的功能区，建在伸向海洋的填出来的土地上，其经济效益和社会效益都会十分可观。

同样，建设新城市不意味着把旧房屋、老楼房都拆掉。佛山、汕头等很多城市中心区，以及北京良乡、天津静海、武清等许多中小城市的中心区都还保留着大量的农民房屋，很多都被安排在街区的中央，不紧邻主干道，既满足当地群众的居住需求，也不影响城市的整体景观，这些房屋以及其所寄托的产业、居住功能，都是和当地生产力发展水平以及当地文化相适应的。河北省138个县的县城，以及众多中心镇，都可以适当保留原有的风格，新增的城市增量可以放到县城周边的地方去。比如，滦平等小城市在这方面把握得比较好。滦平把政务新区、新兴的居住区和房地产开发以及新增的城市功能都放在了北山上，既开发了山区土地，又避免了对旧城的大拆大建，节约了建设成本。

以曹妃甸、沧州渤海新区、京唐港区等为典型代表的新兴城市，大多位于河北省、天津市的沿海地区，是京津冀地区新的重要发展极，承担着疏解重工业、发展港口经济等多重任务。这些地区的共同特点是没有成熟的城市建设基础，多数地区都是在一张白纸上搞建设，这就更需要立足长远进行规划，注重产城融合、城乡一体化建设，实现城市基础设施与软硬件水平多年不落后、留足城市与产业用地发展空间等目标，同时大力挖掘这些地区的滨海优势，力争在京津冀地区新建多个滨海宜居宜业新城，用足用好海岸线和港口资源，为全国的沿海城市发展战略画好承上启下的重要一环。

按照“4+N”产业升级转移规划，即积极对接曹妃甸、新机场临空经济区、张承生态功能区、滨海新区4个战略合作功能区建设，积极推进中关村国家自主创新示范区与天津滨海新区、保定、沧州等地开展跨区域创新合作，河北省的白沟、永清、高碑店等属于在京非首都功能疏解承接地，白洋淀（安新、雄县）等则为新兴功能区，旧城和村镇建设已经有一定规模，但建设和管理水平有限，对于这样的已有中小城镇，更需科学规划、合理建设，使得城市建设和管理水平既符合生产力和时代发展特点要求，又能够满足吸引生产要素、实现区域可持续发展目标的要求，避免走上只注重乡镇产业发展、忽略城市建设的老路，造成城市规划滞后、违建遍地开花的局面。

最后，我们再看一下珠三角地区的产业演进。一谈到这个问题，人们就想到“三来一补”，以乡镇企业为龙头，“农村包围城市”等等。是的，这些都是珠三角地区产业结构的重要特征。时至今日，这样的产业结构仍然在珠三角延续，它在创造大量外汇收入、造就了多年来全国GDP第一省份的同时，也吸引了来自全国各地的大量流动人口和打工族，其社会治安、环境资源承载力等方面也都受到了一定的影响。这一模式，对于珠三角或许是适用的，但俗话说淮南为橘、淮北为枳，京津冀地区如果效仿这样的产业演进模式，无论从资源承载力上看，还是从环首都治安维稳的要求来看，都是不可持续的，也难以找到大规模发展产业的龙头和天然的机遇。但是，从科技创新的角度看，以深圳为代表的高技术制造业产业链的成功模式，对北京又具有很好的借鉴意义。

深圳本地的高校、科研院所，无论从数量，还是实力、规模上来看，都处于劣势。长期以来，深圳本地只有深圳大学、深圳职业技术学院、南方科大以及清华、北大、哈工大的深圳研究生院。这和国内其他城市地区，特别是河北省大量普通市县的情形是基本一致的。但从20世纪开始，在华为、中兴等领军企业的带动下，深圳积极吸引香港优势科研人才，逐渐形成了从研发、中试到生产、销售一条龙的高科技产业链，产业覆盖面不断扩大，龙华富士康等产业园区不断被吸引到深圳本地，与高科技产业链相关的上下游配套服务不断完善。无论是深圳市级政府，还是各区、乡镇政府都十分重视高科技产业的发展以及高等教育资源的培育，投入了大量财力物力，使深圳吸纳了全国各地高技术人才安家落户就业。于是，在城市核心区，形成了产品研究开发、中试设计产业基地和产业集群，城市外围以及周边市县则进行零部件配套，构建了产业链其他层级补充完善的格局，摇身一变为高科技产业重要基地。这一发展路径和发展模式，对于京津冀地区具有很强的参考价值。

一个地区科研及知识资源基础差并不可怕，如果能诞生华为、中兴这样的领军企业，那么围绕这个领军企业，就会培育出一整套的高科技产业链，相关的人才、资本等资源会自然聚集过来。比如，无锡当地政府主动留下尚德光伏产业、重庆发展笔记本电脑产业、贵阳选择发展大数据产业，都是基于这样的思路，并最终取得了很好的收效，其间接的科技、社会效益远大于这个产业和企业本身所创造的经济效益。北京作为高技术产业的策源地和智力资源密集区，很多有潜力、有市场的企业需要更加广阔的发展空间，特别是和河北省钢铁、农业等传统行业相结合的高技术行业，更是全国、全世界未来持续发展所急需的增长点。这些初创期企业，特别是高科技农业、水利、冶金等行业的初创期企业，应该把自己的眼光放出中关村、海淀和北京，看到更远的周边地区，而河北各县市也应当创造更好地企业发展环境，为企业落地创造条件，努力为当地培养出成熟的产业链条，提升区域发展层级。

在高科技产业链中，核心的研发、决策环节需要下游的生产、组装、加工等环节与之配套。类似于深圳周边的东莞、宝安等电子工业原材料产区，在政策、商务配套环境条件适宜的前提下，围绕北京周边、中关村周边，都有条件形成大量的低成本、高素质、环境成熟的配套区域。北京的六环路沿线、河北省的平原地区，在适宜的政策条件以及创业环境下，都有望诞生出这样的生产配套基地。

深圳微电子产业链的腾飞，抓住的是全世界范围内的信息工业浪潮，以及电脑、手机等数码产品在国内大面积普及的历史机遇和市场机遇。现在这个时代已经是过去时了，今天的贵阳大数据产业集群，抓住的是世界范围内互联网+大数据的新一轮产业升级红利。北京是全国的科技创新中心，在当下这样一个历史节点上，应当抓住什么样的产业发展机遇，敏锐把握发展先机，依托津冀腹地，成为未来全国、全世界范围内产业革命的领头羊呢？河北省、天津市又应当如何敏锐捕捉到信息化浪潮下潜在的市场机遇和发展机遇，依托北京的科技、教育、资本、人才等宝贵资源，实现自身的跨越式发展呢？需要有大智慧的人来敏锐捕捉到这样的机遇，并实现这样的发展目标。

“一招鲜”吃遍天：北部湾的经验

广西北部湾城市群包括防城港、钦州和北海三个紧邻北部湾的地级市、省会南宁市，以及周边的崇左、百色、玉林、贵港等自治区内其他地级市。作为西部的新兴沿海城市群以及内地同东盟交流的桥头堡，北部湾三市起步较晚，但发展势头非常强劲，得到了国内外的广泛关注和国家的大力支持，其发展经验具有地方特色，也有很多亮点，值得京津冀区域加以借鉴。

翻开20世纪90年代之前的广西壮族自治区地图，可以看到当时的北部湾还是一个很普通的地方，全部归属于钦州地级市管辖，市区也只是很小的一片。今天的北海市、防城港市都是后来从钦州市划分出来的，当时的北海只是一个小渔村，防城港也只是一个普通的工业港口，规模非常小。那么，这个地方是如何用短短的十余年时间，发生了巨大变化的呢？又有哪些值得京津冀借鉴呢？

第一招，解放思想，用好区位优势。北部湾地理位置比较优越，是我国唯一与东盟海陆相连的区域，沿海周边就是10个东盟国家，从北部湾出发前往东盟各国，是从我国内地出发最近、最方便、最直接的交流通道。历史上北部湾担负着与东盟各国联系交往的重要桥梁纽带作用，著名的海上胡志明小道的起点就在今天的防城港。

从中国大陆行政区的区划来看，北部湾地理位置也非常好，处在中国西部、南部以及西南沿海经济开发圈相交会的地方，距离珠三角、海南岛不仅距离很近，而且自然环境、人文环境风格接近，与广东、海南两省地缘相近、人缘相亲，交通联络也非常方便。虽然历史上由于处于中越边境前线等原因，造成了发展上的迟缓，但近年来得到了国内的高度关注，国家“十一五”规划就曾明确提出，要以广西的开放合作带动整个西部大开发。京津冀地区同样具有沿海开放、与国内其他地区交通便利、处在几个板块和经济圈交会地带等多重优势。特别是河北省的沿海地区，同北部湾一样，历史上发展相对迟缓，沿海优势没有充分利用起来。河北、天津的多个沿海城市面向东亚，辐射日本、韩国，具备沿海地区相应的发展潜力。因此，需要借鉴广西北部湾的经验，充分利用好这样的区位优势。

【小贴士】

1968年中国在靠近越南的防城港建设战备港口，作为中越海上运输航线的起运港，在越南抗美时期向越南转运援越物资，代号广西322工程。该航线起点是防城港，重点是越南的海防，在越南人民的抗美救国斗争中做出了巨大的贡献，史称海上胡志明小道。如今防城港已经成为我国西部第一大港。

第二招，用足政策，抢占战略先机。西部大开发和东盟自贸区，是北部湾地区发展的两大战略推动力。我国的西部大开发政策起始于2000年，目的是提高西部地区的经济和社会发展水平。广西壮族自治区是享受西部大开发战略优惠政策的地区，在西电东送、西气东输、生态建设、“三农”、西部重大项目建设、国家建设投资安排等方面都可以享受相应的政策。广西北部湾地区充分利用政策高地优势，多年以来不仅实现了自身的稳健发展，同时还依托自身的优势，带动了周边其他西部省份、地区的发展，实现了国家目标与地区发展目标的有机统一，也实现了多地共赢发展。十年后，东盟自贸区桥头堡的定位，则为北部湾提供了又一次发展契机。2010年元旦，中国—东盟自由贸易区正式启动。这是继北美、欧盟自由贸易区之后的世界第三大自由贸易区，也是世界最大的自由贸易区。区域内许多商品享受零关税政策，降低了区域内11个国家之间的交易成本。《广西北部湾经济区发展规划》于2008年实施，北部湾经济区开发开放正式被纳入了国家战略。中国—东盟博览会的成功举办等一系列利好因素，开始逐渐吸引来自国内外、亚洲、欧洲的投资者。亚欧会议投资促进机构圆桌会议等国际性会议随之举办，北部湾地区吸引国内外投资者、不断完善招商引资、投资创业环境的风气正在逐步形成。可以看出，广西北部湾走的正是一条抓住现有所有政策优势、把现有政策用足，同时依托自身天然优势逐步争取到更多、更好、更优惠的政策，抓住时机制定相应的规划、举办国际性会议，从而吸引国内外投资者自发前来，以投资拉动地方环境和建设水平全面提升的这样一条路径。京津冀地区同样处于政策高地，实现协同发展的关键，就在于每一个地区都能立足自身禀赋条件，把现有的政策用好用足，同时立足于现有基础，不断营造更多、更好的政策环境，吸引国内外投资者，吸引更多的政策高地、国际会议、博览会、总部中心等在当地落户，把自身从投资盲点变成投资热点，从地方发展题材变成国家发展战略。这是一条现实而又可行的协同发展路径，关键在于每个地方、每个县市自身的长远眼光和现实努力。

第三招，加强宣传，打造文化名片。相对于长三角、珠三角来说，北部湾城市群的知名度不高，城市影响力、品牌效应也不及广州、深圳这样的城市。但事实上，北部湾城市群又有很多独到的优势，长期以来“深藏闺中无人知”。因此，要想后来居上，就需要在对外宣传、城市软硬件包装上面着力下一番功夫，着力宣传地区优势和特色。近年来，北部湾各市、县都在这方面进行了一些努力，让世界知道北部湾，让北部湾走向世界，效果非常好。首先，抓住国家战略的宣传效应。近年来，广西对中国—东盟博览会、“一带一路”战略等有利于自身发展的宣传机会紧抓不放，举办了大量投资峰会、展览会、研讨会等主题活动，提高知名度和影响力。其次，提升区域对外形象。广西举办了泛北部湾周围棋联赛、澜沧江—湄公河青年友好交流活动、中国与东盟“同唱友谊歌”文

化交流活动等，围绕东盟博览会，为与其他地区和国家开展经济、文化全方位交流打下了牢固的基础。最后，公共服务一体化。在北部湾几个城市实施“同城一体化战略”，在南、北、钦、防四个城市之间取消通讯漫游费和长途费，四个城市统一中考，城市之间教育资源实现共享，社会保障一卡通、就业信息资源共享、医疗信息互通互认、行业整体规划建设“一张图”等方面也有了实质性的推进。这样的举措，无形中成为了北部湾城市群协同发展对外的良好口碑，让人们看到了区域协同发展的实打实的举措，提升了地区的整体形象。

这些经验都值得京津冀城市群学习。北京郊区，河北省的区、县、市应当在对外宣传、面向全球招商引资方面继续下大力气，多办一些有助于提升区域整体形象的文化、经济活动，不仅要在京津冀区域内扩大宣传、提高知名度和影响力，还要把区域优势向国内外更大范围、更广受众面进行宣传。

也同欢乐也同愁：日韩首都圈的故事

东京作为日本的首都，既是日本政治、经济、文化与交流的中心，也是与纽约、伦敦、巴黎等齐名的世界城市。东京都市圈大体上分为三个圈层。最核心的一层是东京都，总面积约2188平方公里，人口1316万，辖23个特别区、26个市、5个町和8个村。再向外一层叫作“东京圈”，指的是从东京都心向外扩张，半径约50~70公里同心圆范围内的区域，相当于东京的近郊通勤圈，受东京的辐射影响最为强烈，包括一都三县（东京都、神奈川县、埼玉县和千叶县）。再往外是“首都圈”，包括外围的茨城、群马、枥木、山梨等四县，相当于日本八大地方中的关东地方（不包括山梨县）。东京都市圈和京津冀都市圈的结构较为相似，其由内到外三个圈层，无论从位置、功能还是规模上来看，都大体分别类似对应北京城六区、北京市行政区以及京津冀地区这三个圈层区域。

东京圈对于日本全国的经济、人口吸纳能力相当可观。东京都市圈目前是世界上唯一人口规模超过3000万的巨型都市圈，核心东京区部人口895万人，整个东京圈人口多达3700万。我们知道，北京市总人口2100余万人，整个京津冀地区总人口规模是1.1亿人，从比例上看，与东京圈的情形相当。2008年，东京都市圈的GDP居全球第一位，东京圈的经济规模约为纽约的1.4倍，都心三区（千代田、中央区、港区）经济的高强度聚集特征非常明显，在占东京都面积2%的土地上，拥有的事业所，就业人口，白天的人口密度，金融保险业就业人数，金融业存款数，贷款数，批发业事业所数和营业额在日本全国均占有相当大的比例。可见，在东京圈中，东京都作为核心首位城市的地位无可撼动，这样的城市圈结构格局，资源要素向核心首位城市大规模聚集，既有优势也有不足。①

先说优势。城市史上，“城市”的形成起源于集市，也就是选择一个距离所有人距离都最近、交通及环境比较好的中心区域，大家都到这里来进行生产活动，交易买卖商品，久而久之在这个地方，与之配套的工业、服务业发展起来，最终形成城市。这种聚集经济、规模经济现象能够降低所有人的交易成本、给大家带来便利，提高资源配置效率。东京就是这样，凭借人口、经济规模以及所集聚的最高级城市职能，以及法律所赋予的首都地位，占据了日本城市体系最顶端。同时，城市圈中的中心城市往往也是一个地区乃至一个国家的象征，也是对外展示、交往的窗口，这为其聚集一定地域范围内乃至一国范围内最优质的资源提供了便利。这一点，在全世界具有一定的普遍性，以北京为核心的首都圈，多年来走的

① 《世行报告指珠三角超越东京都市圈跃居世界最大都市圈》，《时代周报》2015年2月3日。高汝熹、李志能、朱名宏、郁义鸿：《东京的都市中心经济聚集的边界——东京都心三区高度聚集经济的负效应分析》，《世界经济之汇》1996年第6期。

也是这样一条路径。

再看劣势，在人口总量较大、经济发展较快的国家，资源要素依照中心城市和城市圈发展的客观规律，向核心城市大规模聚集，必然会造成城市快速膨胀，从而引发“大城市病”等一系列负面效应和问题。机构和人口在都市中心的云集，使原来物理空间中的一切都成为稀缺的资源，受市场规律支配，在都市中心，土地、用水、用电、能源等都不再能够廉价地取得。日本东京都心三区的机构高度密集，机构在进入都心三区时，碰到的首要问题就是取得土地用作机构的落脚点，云集的机构对土地的竞价购买，导致地价飞涨，都心三区的地价远高于东京平均地价。例如，东京车站位于都心三区的中心，在东京车站附近的地方是日本政治、经济文化的中心和交通的枢纽，这里的地价寸土寸金，是全日本也是全世界地价最昂贵的地方。1991年东京市中心区住宅每平方米地价高达124万日元，是北海道的近400倍。

无论北京还是东京，距离城市中心越近的地方，地价就越高，但即使交通拥堵、生活商务成本高企，人们还是愿意向这里源源不断地聚集，这又是为什么呢?

最根本的原因是，这里是城市的中心，在地理距离上意味着它距离城市各个区域、各个功能区的距离都是最近的。一个城市或城市圈里各个区域、各个角落里居住着不同职业、不同能力水平和拥有创造各种价值的能力的市民，分布着不同的功能区。市民和企业在城市中从事生产、生活活动，必然需要在城市内部产生大量交通活动，从拥有这个功能的区域移动到拥有另一功能的区域，从居住区域移动到生产区域，再移动到休闲娱乐区域。大家都希望这个交通距离近一些，在交通上花费的时间少一些，无论是生产、生活，还是吸引整个城市各个区域的顾客、生产者和其他类型客流，总的移动里程越小，就越经济划算，也越能吸引到人流、客流和各种机会。自然地，处于城市最中央的那个区域就是地理上最经济划算的，即使相应的地价成本、商务成本相对高一些，也足以抵消地理区位上所带来的经济优势和时间成本优势。人们选择进行生产、生活、休闲娱乐活动的时候，也自然会优先选择这样的地方。东京都心三区的用地中以商业用地为主，各种用地中商业用地价格最高，从一个侧面也佐证了这样的事实。

正是因为城市中心区所具备的这样天然形成的优势，作为一国的首都，其政治中心、文化中心、国际交往中心也自然会选择落户在这里，从经济成本、社会效益来看，落户在市中心区域都是最佳的选择。相应地，配套的商业贸易服务功能、生产功能等，出于经济成本的考虑，也都会自发地落户在城市中心区。中心区摆不下了，就不断地向外摊大饼。城市向外扩张的界限是否达到极致，取决于微观的某个城市功能要素落户于市中心所带来的经济效益是否能够弥补掉其交通拥堵、地价过高、空气污染、“大城市病”等所带来的负面成本效用，只要正的成本高于负的成本，那么大家都还会源源不断地自发前往市中心，推动市中心不断地扩张，城市的经济总量也随之一直上涨。无论是东京、北京，还是世界上其他大城市，一直遵循着这个规律。东京依山傍海、市中心区域内有很多小山丘不能进行大规模建设开发，都被建成了城市公园，这些因素都避免了由于人口大规模集聚而造成的生态环境的破坏。类似地，北京市在城市核心区边缘及外围规划了两道绿化隔离带和多条楔形绿地通风走廊，城市中心区域始终保有大量公园、绿地以及较高的绿化覆盖率，这些也都缓解了“大城市病”对城市生态环境的不利影响。

再看韩国。以汉城为中心的首都圈，和北京为中心的首都圈具有很多相似之处。

“韩国首都圈”指的是汉城市、京畿道以及仁川市所组成的地区，延伸到水原、城南、东川豆、光明、富川等周边城市，其中首尔市（原称汉城）是韩国首都，下辖25个区，606平方公里，占全国国土面积0.6%，GDP占全国21%。截至2014年1月汉城市总人口1014万人。下辖25个区中，钟路区、中区属于中心城区，地理位置居于首尔市最中央，相当于北京的东西城两区。整个“首都圈”土地面积占韩国国土总面积的11%，人口2300多万人，相当于韩国总人口的一半左右，是全国最发达的区域，早在2005年，韩国首都圈地区经济总量已占全国的将近一半。首都圈聚集了韩国主要行政部门、其他公共部门、大量的全国100强企业总部、金融交易以及研发投资额。①

首尔是韩国的政治中心、经济中心。重要国家机构以及几乎所有的韩国大公司的总部都设在首尔，国外企业在韩国的投资也集中于这里。金融、房地产、电信、批发和零售行业相对比重高于国内其他地区，全市从事第三产业的人数占全国就业总人数的70%。汉城也是韩国的旅游、商业、金融、物流和商务基础设施中心，韩国最大的丝绸市场、证券交易中心、著名的古董和仿制品市场、四大购物中心及中小型工业企业产品中心等都居于首尔。首尔地铁总长度975.4公里，年客运量22亿人，位居世界第三位。

20世纪60年代之前，首尔市城市重心集中在江北，以钟路区、中区为核心区，两区集聚了最重要的首都功能和城市功能。周围紧邻的东大门区、西大门区、城东区、龙山区等几个区主要承担居住、商业配套设施等功能。随着60年代起汉城进入快速工业化和快速城市化时期，产业集中在汉城，人口从农村流向城市，全市人口从1960年的244万人增加到1970年的543万人，“大城市病”日益凸显。为此，汉城市对城市发展采取了多项调整举措。一是城市发展重心跨过汉江，向江南发展，将一部分行政机关迁往江南区；二是提升江北核心区老城区的品质，拆除了核心区的贫民窟和棚户区，

① 刘瑞、伍琴：《首都经济圈八大经济形态的比较与启示：伦敦、巴黎、东京、首尔与北京》，《经济理论与经济管理》2015年第1期。

代之以中央商务区；三是在首尔市以外加快建设首都圈和卫星城，以分散和承接旧城区转移出去的功能。[①]

首尔市的中心城区主要由钟路区、中区两部分组成，“钟路区”是汉城市的政治、经济、行政和文化中心，位于汉江以北的中心地带，是韩国总统总理府邸、议会大楼和公共安全委员会、国家统一委员会等几个重要行政机关集中所在地，也是大企业、银行、商场等聚集地，现代集团公司总部设置在钟路区。除了这些最核心机构之外，原来位于该区的韩国教育、文体艺术、健康卫生等国家部委已经搬迁到了新的行政首都世宗市。从地位上看，“钟路区”大致相当于北京的东城区和西城区。

“中区”也为城市中心区，是历史上韩国都城所在地，也是韩国经济中心，大宇、LG、SK、乐天、韩国人寿等最知名企业总部几乎都集中在中区。其他国家驻韩国的外资企业分支机构也大都集中在中区。可以把“中区”比作北京的朝阳区。

20世纪90年代初期，钟路区和中区承担了首尔市主要的城市功能和首都职能。相邻的龙山区、城东区、东大门区、西大门区、江南区等也都处于核心地理位置，分布有一些重要行政机构和企业。

在行政管理体制上，首尔市是韩国的唯一一个特别市，行政上直属于中央政府管理，1962年《汉城特别市行政特别措施法》规定，汉城市在行政上直属国务总理，具有不同于道政府的地位。

在首都圈的管理上，韩国政府设立了韩国首都圈的跨辖区超级管理机构——“首都地区管理委员会”，委员会对首都圈范围内各行政区申请新项目拥有最终审查决定权。具体工作中，《首都圈整备计划法》拥有非常高的法律地位。在首都圈和地方的协调互动方面，一是努力探索中央政府与地方自治团体共同参与的政策协议模

① 汤飞：《快速城市化时期首尔居住空间形态演变研究》，《城市发展研究》2013年第11期。

式，将民间专家纳入首都圈修建委员会；二是建立“首都圈政策民间团体”和“实务企划团”，开设首都圈计划管理网站，听取各界不同意见；三是通过联合居民、非政府组织等社会力量开展项目研究的方式，努力使得首都圈管理方向和目标能够反映国民意愿、体现共同协作原则。

近年来，韩国首都圈为城市功能作了不少减法，这些做法，在推进京津冀协同发展战略的过程中，有些已被北京采用，有的在规划中。

其一，建设卫星城，疏解中心城区人口和功能。由于首尔的旧城区开始饱和，人口和功能从20世纪60年代开始逐渐向新城区扩散。1977年政府发表了《再配置首都圈人口计划（1977～1986年）》，将中心城区的部分功能定向向大德、安山、果川等新城市转移。1973年规划的大德是情报产业性科学研究城市，转移了首都圈中很容易转移的学术研究领域。安山承接了在首尔和首都圈地区分散的中小公害工厂。果川是为转移政府的一部分而形成的行政城市，也分散了首尔的一部分行政职能。为了解决首尔市中心区住宅不足的问题，在首尔市郊区的木洞与上溪洞建设了两个新城，主要由大规模住宅群组成。另外，在首尔以外的周边几十公里范围内，还建设了一山、中洞、坪村、盆唐等居住新城。

其二，转移行政机关。韩国政府曾拟订过四次向首都圈外分散公共机关的计划。四次分散计划从1973年至1998年，由经济企划院总务处等机关制定并实施，第一次拟搬迁46个机关，实际搬迁36个机关。第二次拟搬迁14个机关，实际搬迁8个机关。第三次拟搬迁13个机关，实际搬迁1个机关。第四次拟搬迁包括统计厅等8个厅和政府记录保管所等3个机关，共11个机关。其中，1988年为了转移政府的一部分而在大田市郊外开发了屯山新城，包括统计厅和政府记录保管所等11个行政机构的4000多名公务员搬到了这里。1989年，为了转移国防部，在离大田约16公里处建设了鸡龙新城。2004年起，将大量国家行政机构迁往世宗市。自2003年卢武铉总统上任以来，为了根治首都圈人口、交通、环境等大城市病，实现地区间的均衡发展，首都圈先是推进声势浩大的迁都运动，但以失败告终。目前又推行《公共机关迁移案》，计划将首都圈的346个公共机关（即提供公共产品的国营企业和事业单位）中的176个，迁往地方上的12个道或广域市。预计有32000名机关职员属于搬迁对象，加上相关产业人员及家属，总共将有90万人外迁。[①]但这项举措在实际工作中遇到的困难和阻力很大，很多机构迁往新区之后，行政成本、通勤成本都有了很大的增加，很多工作人员和家属也都不愿意搬迁及长距离通勤。

其三，转移高校及企业。韩国政府认为城市的生产部门和政教机构是首尔市吸引人口的主要因素，为此，韩国政府制定了一系列政策分散工业、学校和政府机关。政府要求，首尔地区的大学除了要限制招生外，还要搬迁到地方或者到地方设立分校。1972年总统府制定的《大城市人口分散措施》要求搬迁京畿道、明知和汉阳等大学，虽然有一部分学校没有实现搬迁，但从总体上看，控制和疏散大学学校学生的措施是明智的。1964年的《控制快速城市增长的国务决策》就提出“不鼓励首尔的新工业开发”以及“二级政府机构在地方城市的重新分布”。1967年颁布“地方工业促进法”，鼓励生产设施向人口较少的省区转移。1972年的《首尔土地利用控制》又提出了“减少首尔居住和工业用地的区划”和“在首尔外重新安排政府机构”。1977年，韩国制定《工业分散法》，规定与城市土地利用规划相违背的工厂必须进行搬迁。同年，颁布《环境保护法》，该法将污染工业强行迁至首尔西南的安山新城。20世纪90年代起开始对工厂、学校等人口集中诱发设施的新、扩建进行总量

① 赵丛霞、金广君、周鹏光：《首尔的扩张与韩国的城市发展政策》，《城市问题》2007年第1期。

控制。

纵观韩国首都圈的建设，可以归纳出四点启示。

其一，重视规划引领，发挥政府对城市发展的宏观指导作用。韩国首都圈的发展一直有着完整的规划作为指导。为了推动和保证城市间分工与合作，早在1963年韩国的“特定地区开发制度”中，就划定了首尔—仁川特区，并同其他六个特区一起编制了十到三十年的长期开发规划。1972—2000年间的四次国土综合开发规划中，从国家层面上明确了首都圈发展目标、战略及实施举措。1982年《首都地区管理法》重新规划了首都地区，将迅速发展的城市化地区作为首都地区，范围包括中心城市首尔市及仁川、京畿道行政区和 64 个低级别的地方行政区。1988 年韩国决定在首尔绿带之外建设五个新城，即盆唐、一山、坪村、山本和中洞，合计规划人口 120 万人，主要以第三产业为主。在最新的《2030年首尔规划》中，把全市25个区划分为5个生活圈（功能区），其中，钟路区、中区和城东区组成“城中圈”，定位为应提高可持续发展的动力和竞争力，进一步强化历史文化特色，提升市中心的价值，该区域将强化历史文化中心地位与提高竞争力作为区域发展的重点。其余四个生活圈分别定位为创新文化产业特色化、引领首尔新兴产业、强化国际商务与商业功能、创造更多就业机会等作为发展重点。

除了国家层面的规划外，还有针对特定地区的地域规划，其中针对首都圈发展的“首都圈整备规划”，包含有明确的规划体系。在圈域整备的“基本规划”中，包括土地利用与人口布局规划、产业、教育发展规划与财政规划。在圈域整备的“实施规划”中，提出了实施战略和措施。在综合规划外还有部门规划指导城市的社会经济发展，例如工业布局规划。每一次规划都充分考虑不同政治、经济和文化背景、地域对象以及人口规模等诸多因素而形成的，并适时根据实际情况加以修改。国家和区域的发展规划为城市间的分工提出了发展的方向。

在土地利用政策上，首尔完全没有设置中心商业地域，这主要是因为政府对首都圈实行抑制膨胀政策，对首尔市中心实行限制高密度开发。但汉城在美观地区、高度地区的设置面积上则大大高于其他城市，制定了详细的城市景观基本规划，从自然景观的保护性开发、城市框架及构型强化、历史景观的保护和利用、市民生活相协调的空间建设等方面加强城市景观建设，1991年设置了部门城市景观科，为汉城市独有的部门，并设置了城市景观审议委员会。

其二，完善法律法规体系，约束企业和人们的行为，保障规划的实施。韩国政府十分重视法律法规的约束力和执行力。自20世纪60年代开始，韩国政府不断完善首都圈发展的法律制度框架。1962年制定了《城市规划法》，1963年制定了《国土综合开发规划法》。除了国家层面的法律之外，针对首尔的规模膨胀，还出台了专门法规。1964年和1970年韩国建设部先后出台了《大城市人口防止对策》和《关于抑制首都圈人口过度集中基本方针》。1965年，以总统令或公告的形式颁布《首尔—仁川特定地域指定公告》以增强其权威性。1969年和1972年总统府政务秘书官室相继制定了《首都圈集中抑制方案》和《大城市人口分散措施》。但是这些措施在实际中实施的并不多，主要原因在于这些举措大多是政府不同部门的行政举措，不具备法律意义上的强制性，因此也很难得到有力的实施保障。1976年韩国政府修改了《地方税法》，规定向转移到地方的工厂给予减免登记税、取得税、转让得税等，而在首都圈新建或扩建工厂以5倍的高额收取登记税、取得税和财产税。1978年韩国政府颁布了《工业布局法》，1980年工业布局法的修改案对搬迁工业进行了详细的规定。在此基础上，1982年又颁布实施了《首都圈整备规划法》，并进一步制定了《首都圈整备规划（1984～1998年）》，1986年又颁布了《首都圈整备施行规划》，从而将首都圈发展管理纳入法制轨道，从此政策措施都必须依法制定，保证了其权威性。1992年韩国政府制定了《第三次国土综合开发规划（1992—2001年）》，在1994年颁布了《首都圈整备规划修订法》，1997年又颁布实施了《第二次首都圈整备规划（1997—2011年）》，对首都圈的控制采取了更为灵活的措施。首都圈的发展历程始终是与法律法规及规划相伴出现的，法律制度为首都圈的发展提供了最可靠的保障。[①]

其三，建立由中央和地方共同组成的协调机构，协调解决区域发展中的有关问题。为了加强中央政府与地方政府、地方政府之间的沟通以及保障政策制定实施，在韩国首都圈的发展中，建立了首都圈整备委员会。与我国的各种区域协调机构不同的是，首都圈主管部门设在建设部，首都圈整备委员会除了包括首尔特别市市长、仁川广域市市长和京畿道知事外，该委员会由国务总理任委员长，财政部部长和建设交通部部长任副委员长，同时还包括相关部委长官任委员，体现了中央政府对与该区域发展的重视，也保证了各项规划措施的落实。

其四，明确并强化城市定位。90年代后，首都圈内的城市根据确定城市发展方向，一方面严格加强反污染的措施，另一方面，致力于提高城市的竞争力，创造各种条件，扶持优先发展的产业。例如，首尔根据全球化发展的背景，积极发展现代服务业和高科技产业。首尔高科技城由首尔市为扶持、培养中小企业而设立的“首尔产业振兴财团”负责管理及运营，以促进时装设计、动画产业、游戏产业、软件和多媒体产业的发展。为了支持产业的发展，首尔除了为一般产业提供支持外，更为优先发展的产业建立支持的组织机构，提供金融、市场、发展空间等方面的支持。

上面，介绍了韩国、日本两个同属于亚洲、距离我国很近、文化和行政管理体制特点接近的特大型城市首都圈的情况。可以看

① 蔡玉梅、宋海荣、廖荣：《巧划“圈”找准“点”——韩国首都圈发展规划的演变与启示》，《资源导刊》2014年第6期。

出，以大国、强国首都特大城市为核心的首都圈，其向心集聚、特大城市快速膨胀、快速吸附资源的特征是共同的，也是不以人的意志为转移的。地区乃至整个国家经济、政治、社会、文化的快速发展，也正是得益于这样的聚集和膨胀，得益于首都圈大城市群的发展。不过，首都圈的膨胀和兴旺发达虽然是客观规律，但又不能一味任其自发膨胀，导致人口超载、资源枯竭，而是需要历经十几年、几十年的时间，长期坚持科学有效的政策，实现发展与稳定、疏解与集聚的有机统一，实现首都圈各类功能相协调统一，方能使得这个大的首都圈在较优的结构基础上克服城市群发展过程中的种种弊病，保持稳健、科学、精明的发展。

当然，世界知名的城市群还有许多，比如北美洲五大湖城市群、波士顿到华盛顿的东北部大西洋沿岸城市群、德国鲁尔工业区等。限于篇幅，本书无法一一介绍。我们观察世界各主要国家的大城市群，可以发现一些有趣的规律性现象。世界上那些发展得比较成功的城市圈、城市带，其中的中心城市虽然担负着不同的职能，在所处的城市圈当中具有各具特点的角色定位，但有一点是共同的，就是该城市都具有完备成熟、较为系统的，并且在该城市圈中处于相对最高水准的软硬件环境。无论从基础设施、城市文化、公共服务、市民生活水平上来看，都是如此。中心城市的发展水平，一定是这个区域当中首屈一指的，这样才能对人才、资源、要素构成强有力的吸引力，自身的中心城市地位也能够得到巩固。

世界上不同的城市圈依山傍海，地理特点都不一样，但大型的城市圈之间地理距离普遍较远，例如我国的长三角、珠三角、环渤海、成渝四大都市圈，以及美国的大西洋沿岸、西雅图—洛杉矶—旧金山以及五大湖城市圈，彼此距离都在1000公里以上。一般来说，一定区域距离范围之内只可能形成一个城市圈，而不太可能同时存在多个大城市圈。城市圈之内的交通联系则非常紧密，城市圈内部各个城市，以及城市与乡村之间都有发达的铁路、公路等交通基础设施相连接。作为一个城市圈整体，其与全国其他地区的交通联系、可通达性都处于较优状态，对外交通联络水平明显高于国内其他一般城市。这样的交通格局是在规划、政策、市场等多方面因素影响下形成的，这说明，交通是一个城市群发展的先行官，要发展城市群，先要发展其交通，而且城市群内部以及城市群对外的交通都要一起发展，实现该城市群交通水平的整体提升。

主要参考资料

侯仁之著、邓辉等译：《北平历史地理》，外语教学与研究出版社，2013年。

苑书义等：《河北经济史》第三卷，人民出版社，2003年。

张慧芝著：《天子脚下与殖民阴影》，上海三联书店，2013年。

侯仁之著：《侯仁之文集》，北京大学出版社，1998年。

河北省发改委宏观经济研究所课题组：《京津冀协同发展的展望与思考》，首都经济贸易大学出版社，2014年。

刘玉梅、叶一剑、李博著：《困境：京津冀调查实录》，社会科学文献出版社，2012年。

张颖著：《美国主流报刊中的北京社会形象》，时事出版社，2015年。

王瑞智编：《梁陈方案与北京》，辽宁教育出版社，2005年。

孙日瑶著：《当代中国经济理论发展与实践》，山东大学出版社，1998年。

李文彦著：《经济地理研究拾零与经历回顾》，气象出版社，2008年。

刘牧雨、戚本超、黄序主编；齐大之副主编：《北京改革开放30年研究·城市卷》，北京出版社，2008年。

葛剑雄著：《我们应有的反思：葛剑雄编年自选集》，中信出版社，2015年。

《保定成为“畿辅节点”背后的秘密》，《南方周末》2014年4月

3日。

《廊坊共识》，《天津经济》2004年第4期。

《“廊坊分歧”折射“京津冀一体化”隐忧》，《领导决策信息》2004年3月第12期。

李兴：《环渤海，还是京津冀》，《中国商界》2005年第8期。

后 记

这本书写得很“急”，也写得很“慢”。说写得“急”，是因为京津冀协同发展战略这个主题本身很“急”，是一个关系国家发展、京津冀三地百姓生活的急迫课题；社会各界对这个话题充满了关注和期待，是一个想要急迫了解的话题；再者，我们合作写书的三个80后的年轻人，也很急迫地想把自己的所思所想，与关心京津冀发展的朋友分享。说写得“慢”，是因为我们在这本书上花费了不少心思，从最初有这个创意，到搜集资料，谋篇布局，最后把这本并不算成熟的小书放到读者面前，竟然花了两年的时间。

这本书内容很“新”，也很“旧”。说内容很“新”，是因为京津冀协同发展的步伐呈加速度不断推进，每天都有新的变化、新的进展，我们竭力想把最新的内容补充到书中去，即便如此，图书毕竟不是微博或微信，无法实时跟进一切最新的进展，有些内容只好留下了遗憾；说它很“旧”，是因为这本书有一多半的篇幅在讲述那些“过去”的事情，甚至从京津冀这片土地的地理形成讲起，历数三个兄弟从小玩到大的故事，就像所有伙伴一样，他们有过欢乐的时光，也闹过别扭，抢过“地盘”，但朝夕相处、休戚与共的血脉联系却注定了他们将在新时代里携手前行，共同创造更加美好的明天。

三位作者的分工是这样的，胡一峰负责全书设计，撰写引言、第一章、第二章，和于晓静、顾建军共同撰写第四章，并对全书进行了统稿；于晓静参与全书设计，撰写第五章，并与胡一峰、顾建军共同撰写第四章；顾建军参与全书设计，撰写第三章，并与胡一峰、于晓静共同撰写第四章。需要说明的是，书的各章是分头写的，但很多观点、想法乃至材料都是三位作者一起搜集和讨论而形成的。因为这是一个新的课题，涉及的领域十分宽广，相关研究成果不多，新闻报道则不断在更新，我们力图补充最新的材料，但肯定还没有赶上京津冀协同发展实践的发展步伐。而由于作者能力所限，书中差错在所难免，也恳请各位读者批评指教。

北京日报出版社总编辑王宏英女士为这本书的问世付出了大量的心血，她不但参加策划，对书的定位、篇章、风格、写法等以及图文编辑等作出了详细的指导，而且为争取出版资助付出了大量努力。如果没有她的付出，就不会有这本书。在此，我们对她深表感谢。当然，书的内容上的问题均由三位作者负责。

感谢程新蕾编辑，他审阅本书并提出了宝贵的修改意见。感谢本书的插画师李嘉女士，她的插图让本有些枯燥的内容生动起来。我们也要感谢撰写过程中参考过的专著、论文、图表以及新闻报道的作者，若有的地方未及一一注出，还请见谅。我们还要感谢为本书出版提供了资助的北京市委宣传部。

不过，我们最想感谢的，还是京津冀协同发展战略本身，因为它让生活在这片土地上的人看到了通往更加幸福生活的道路，看到了美好就在前方。正因为如此，我们愿意继续为它贡献自己绵薄的力量。

作者

2017年7月